剣道修錬の着眼点

濱﨑滿著

剣道修錬の着眼点／目次

第一章　上達の要領

第一章　上達の要領

稽古の求め方

礼法を大事に、身体を使った稽古を繰り返す

準備運動
心身の準備運動で剣道の意識を高める

準備運動は障害予防のために稽古前に必ず行なっていただきたいものです。勤務後、稽古をする方は稽古時間を惜しむあまり、

準備運動をしっかりしておくと稽古内容も充実する

準備運動を省略してしまいがちですが、これは大変危険です。あわてて道場に入り、急いで着替えて、準備運動をしないまま稽古に入るとアキレス腱などを痛め、大けがにつながります。とくにデスクワークの人は一日中座りっぱなしで筋肉が固くなっていることもありますので伸ばす箇所は充分に伸ばし、曲げる箇所は充分に曲げ、ケガのないようにしましょう。

わたしは準備運動には体をほぐし、緊張を取りのぞく効果があると思っています。準備運動を充分に行うことで稽古に対する意識が高まります。そのことにより普段通りの力が発揮されるはずです。

道場での稽古時間は限られています。一時間から二時間の稽古を充実させるには道場に入るまでに気持ちをつくっておくことが大切であり、入るまでに意識を高めておけば、稽古が充実するはずです。

蹲踞
蹲踞が充実すると構えが充実する

剣道では礼法をとくに大切にしていますが、できているようでできていないのが礼法でもあります。稽古前後には必ず静座を行ない、姿勢・呼吸・心を調えます。すなわち心の統一です。丹田呼吸によって、背筋を伸ばして座るようにします。

そしてもっとも注意しておきたいのが蹲踞です。わたしは「蹲踞だけは負けない、礼法だけは負けない」という気持ちで行なうようにしていますが、蹲踞をおろそかにすると、その後の稽古もよくありません。腰を落としながら丹田を充実させ、その気分をもって構えると、充分な状態で構えることができます。

持田盛二先生は「剣道で一番大事な所は、試合にしろ、稽古にしろ蹲踞である。蹲踞から獅子の気合で立ち上がり、相手と竹刀を交えたときは、自分が先になっていなければならない、ここが大事な所です」と述べておられます。

審査や試合のときだけ、丁寧に蹲踞をしている人を見かけますが、本番で重厚感を見せようと思ってもなかなかできることではありません。普段から意識して稽古をすることが大切です。

蹲踞は獅子の位です。獅子が獲物に跳びかかろうとするような気持ちで行なうと充実しますが、具体的にはまず姿勢を崩さないことだと思います。下腹に力を入れ、背筋を伸ばして自然体で立ちます。こうすることで気持ちが充実し、まわりからも美しく見えます。

蹲踞　できていそうで意外とできていないのが蹲踞。腰を落としながら丹田を充実させ、丁寧に蹲踞をすると構えが充実する

また、納刀をするときは蹲踞をした状態で竹刀を納めるように行ないます。その後、右手をふとももに乗せて立ち上がり、後退します。立ち上がりながら納刀しないことです。普段の稽古から、蹲踞こそ意識して行ない、自然とできるようにしたいものです。終わるときも相手と呼吸を合わせて蹲踞します。最後の礼をするまで相手と縁を切らないようにします。

蹲踞はだれもができていると考えがちです。しかし、自分が思っていた以上に姿勢が悪く、抜刀や納刀がざつになったりするので、普段から鏡に向かって蹲踞をし、崩れがないか確認しておきましょう。

開始線
開始線の間合から攻めないと崩すことを学べない

審査や試合は開始線があるので、その間合から始めます。しかし、稽古のとき、竹刀が触れる間合で蹲踞をしている人が少なくありません。いきなり交刃の間合で蹲踞しているのです。剣道は遠間で構え、触刃から交刃、さらに一足一刀の間合に入っていく過程で攻め崩すものです。稽古でその過程を省略していては大事なときに四戒（驚懼疑惑）が生じます。

道場の広さ、稽古をしている人数にもよりますが、開始線の距離は常に保っておきたいものです。お互いに開始線の距離で気持ちを充実させ、そこから間合を詰めていくようにします。

昇段審査ではとくに開始線の距離から立ち上がり、そこから徐々に間合を詰めて攻め合います。普段から剣先で攻め、気で攻めていくことを勉強しておかないと、剣先と気力の攻防の妙味に欠けた立合になってしまいます。

審査員として立合を拝見しているとき、蹲踞から立ち上がっての構えは立派ですが、気の攻防が省かれ、打突の好機でもないところで打って出てしまっている受審者がよくいます。注意したいものです。

試合や審査には開始線がある。普段の稽古では開始線の距離を守って立ち合うこと

いきなり近間から稽古をはじめても内容は充実しない

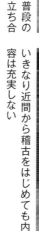

一本を大事に
無駄打ちを減らすと機会を感得しやすい

竹刀を刀の考えで持ち、気剣体一致を求めて常に有効打突の条件や要素を意識して稽古をすることが大切だと思います。技はすべて有効打突にする覚悟で発すること。その意識がないと真剣味に欠けた稽古になってしまいます。

一本になる技には攻めがあり、溜めがあります。攻めは相手が「危ない」と感じてくれなければ攻めたことにはなりませんが、さらにそこに一瞬の溜めをつくります。溜めができると相手は動

無駄打ちを少なくする
一本になる技には攻めがあり、溜めがある。打ち急ぐことなく、しっかりと攻め、崩れたところを打つ稽古をする

揺しやすくなりますので、打突の好機が生まれます。

無駄打ちを減らそうと思うと、攻めがなくなり、消極的になってしまいがちです。それでは効果的な稽古とは言えませんので、打ち急ぐことなく、しっかりと攻め、崩れたところを打つ稽古をします。

審査は六段で一分、七段で一分半、八段で二分が目安です。いずれも時間はわずかですが、「一分もある」ととらえるか、「一分しかない」ととらえるかで、結果は変わります。

焦ることなく、しっかりと攻め、打てる体勢をつくり、機会をつくる。打突にいたるまでの過程を大事にした稽古を心がけます。

基本稽古
充実した気勢で気剣体一致の打突を求める

稽古ができている人は構えが上虚下実になっています。体さばきが自在で出足もいいし、間合を切るときも自然と移動することができます。そして身体が沈んだりせず、無理のない状態で打突することができます。

このような打ちを身につけるには、切り返し、打ち込み稽古を

基本稽古
身体を動かす稽古を怠ると足が自由に動かなくなる。日頃から切り返し、打ち込み稽古を欠かさず、足を使って稽古を心がけること

欠かさないことです。足を使って身体を動かし、そのくり返しで自在に技を出せるようにします。

一般愛好家の方たちは稽古時間が限られているのでなかなか基本稽古に時間を割くことができません。これは仕方のないことかもしれませんが、互格稽古の前に短い時間でも基本稽古を必ず行なうようにしたいものです。

先生方に稽古をお願いするときには必ず切り返しを受けていただき、最後は打ち込み・切り返しを受けていただく。このようにするだけでも剣道が変わってくると思います。

打ち込み稽古は身体を目一杯に使い、相手のヘソに自分のヘソをぶつけるような気持ちで打ち込みます。こうすることで足腰から出ることを覚えることができます。身体を使う稽古を意識しましょう。

第112回全日本剣道演武大会にて日本剣道形を演武する

日本剣道形の修錬
剣道を正しく継承していくには形稽古が必要不可欠

日本剣道形は、長い歴史があり、我が国の伝統文化であることは周知の通りです。高野佐三郎先生の著書『剣道』には「斯道の練習法三様あり、第一形の練習、第二仕合、第三打込み稽古、是なり」と形修錬の重要性を説いておられます。昔の稽古は形の稽古が主であり、その後、剣道具を着け、竹刀を用いての競技剣道へと発展してきましたが、武道としての本質にかけ離れたものであり、剣道を正しく継承していくには日本剣道形と剣道具を着けた稽古を併用していくことが大事であると思います。形の重要性を認識し、平素から日本剣道形の修錬に努めることが必要であります。

しかしながら、現状は剣道具を着けた稽古が主体となって、日本剣道形は、審査前に短時間でかたちだけを練習する程度で、先生に指導を受けずに審査を受けている人が多く見られます。日本剣道形には、剣道を学ぶすべてのことが網羅されています。日本剣道形解説書を熟読され、平素から機会を作って日本剣道形の稽古に励んでいただきたいと思います。

崩して打つ

心が動いたら負けと心得、稽古をすること

崩しの基本

相手を崩す前に自分が崩れないこと

剣道範士十段であった斎村五郎先生は「心が動いたら負けと思え」と教えられたそうです。剣道は相手を崩し、崩れた隙を瞬時に打つことが大切です。触刃の間合、交刃の間合、一足一刀の間合と徐々に間合が詰まっていき、緊迫した攻防が展開されます。その緊迫した攻防の中でも落ち着いて対峙し、打突の機会に技を出すことが理想ですが、そこで「打たれたらどうしよう。早く打たなければ」などの雑念が起きるのも周知の通りです。手元が浮いたり、自分の意思がまとまらないうちに技を出してしまうのです。

昇段審査でも「打ちたい」という気持ちが強いあまり、剣道でもっとも大事な相手を攻め崩す、気攻めの攻防が省かれ、そのために相手に隙がなく打突の好機でもないのに打って出てしまい、無駄打ちを積み重ねているのです。機に乗じて、ただこの一本に全身全霊をかけて打ち込むことが大切です。下腹に力を入れて構え、相手を崩す前に自分の心を動かさないようにします。手を先に出すことが攻撃することや崩すことではありません。相手の気持ちを挫くことを心がけます。

相手を崩す前に自分の心を動かさないこと

基軸は下半身
足腰で崩さないと相手に響かない

「隙があれば打つ、隙がなければ打たない、隙がなければ崩して打つ」と剣道では教えています。相手を崩すには攻めを施さなければなりませんが、その第一歩が間合を詰めることだと思います。腰始動で間合を詰め、相手に圧力をかけます。足が止まった状態で手先だけで詰めようとすると前のめりになり、姿勢が崩れるだけでなく、相手に隙を与えることにもなります。

　間合を詰めるときは「打てるものなら打ってみろ」という強い気迫で小さく進めます。その際、相手はいつ打ってくるかわかりません。勝海舟は「事の未だ成らざるときは小心翼々」と座右の銘を残していますが、その気持ちで身構え、細心の注意を払います。間合を詰めたとき、相手の気持ちが動けば、あわてて打ってくる、思わず手元が浮くなどの反応があります。

　相手が動かないときは我慢し、様子を窺います。相手に隙がないときは竹刀を払う、張る、捲くなどの竹刀操作が有効ですが、実戦で行なうときは細心の注意が必要です。不用意に竹刀操作を行なうと、小手先で行なってしまい、相手に隙を与えてしまう危険性があ

相手に隙がないときは竹刀を払う（右）、捲く（左）などの竹刀操作が有効だが、実戦で行なうときは細心の注意が必要

ります。私は相手が動かないときは我慢をし、根競べをする覚悟で崩すことを試みています。

察知力
スピードだけではない。相手を読んで崩す

剣道は相手の変化に対応することが必要であり、その変化をあらかじめ読むこと、予測することが大切です。スピードも体力もまさる若手剣士が年配の先生に手も足も出ないことが剣道ではよくありますが、それは察知する能力にたけているからです。

わたしは人の稽古を見る際、長所と短所を見るようにしています。だれでも得意とするところと苦手とするところがあるものです。面が得意な人、小手が得意な人など、それぞれ個性があります。一概には言えませんが、背の高い人は懐が深く、遠間からの面や出ばな技などが得意なことが多く、反対に低い人は、間合に入らなければ打突部に届かないので、足を使った攻めになり、相手から狙われやすい面に対する技が自然と身についていることが多いようです。

それらに共通している点は、機会のとらえ方に合理性（理）があることです。理は攻めから生まれるもので、その攻めを感じ取り、どのようにして対処するかを考えます。

わたしは相手と対峙するとき、なるべく中心線を外さず、攻防のやりとりの中で相手の意図を感じ取るようにしています。自分

なるべく中心線から剣先を外さず、攻防の中で相手の意図を感じ取る

の竹刀が中心線から大きく外れると相手に打突の機会を与えてしまうこともありますので、柔らかく構え、相手の中心に剣先を軽く乗せるような気持ちで対峙しています。

打ち切る
機会と感じたら迷わず打ち切ること

剣道は相手を崩すことが大切なのは言うまでもありませんが、機会と感じたときは迷わず打ち切ることです。勝海舟の「事の将に成さんとするときは大胆不敵」です。実際に感じたときには打っていなければ有効打突になりませんので、身体で覚えるしかありません。

ただし、打突は拍子で出さないことです。とくに昇段審査では「このあたりで面を打たなければ……」などと思い、安易に技を出してしまいがちですが、相手が反応していないところで打っても無駄打ちをくり返すだけです。

「勝って打て」の教えの通り、崩すことを意識します。ただし、崩すことを間違うと〝崩れ〟になりますので、この匙加減は稽古を重ねて覚えていくしかありません。

一本を打ち切るには、打ち間に入ったときに打てる姿勢をつくっておくことです。足幅が広がりすぎていれば当然、下半身は安定しません。これでは正確な打突はできませんので、普段から自分がどのくらいの足幅で正確に打てるのかを把握しておくとよいでしょう。

打ち切った技のすべてが有効打突になるとは限りません。しかし、迷うことなく打ち切った技には勢いがあり、相手にとっては脅威になります。日頃からそのような一本を求めて稽古をするようにしましょう。

このような打ち切った一本を身につけるには、くり返しになりますが、切り返し、打ち込み稽古を欠かさないことです。足を使って身体を動かし、自在に技を出せるようにします。

元立ちが「ここだ」と示した打突部位を間髪入れずに打つように心がけます。そのくり返しが出ばなを打つ稽古にもなります。

打ち込み稽古では、元立ちの役割が重要です。ただ打突部位を開けるのではなく、機会を教える気持ちで元立ちをつとめなければなりません。それが習技者の稽古になることはもちろんのこと自分の稽古にもなるのです。

第57回全日本東西対抗山形大会。亀井徹範士(熊本)と対戦する

会心の面を打つ
身体を前傾させずに足腰で打ち切る

左手と構え
左手がおさまっていないと冴えた一本は打てない

　剣道を修錬している者であれば、だれでも見る者を感動させる面を打ちたいと思うものです。試合であれば観客の感動を呼び、審査であれば、審査員の心に響くことは間違いありません。

　剣道は常に安定した構えを執ることが大切ですが、面は「面・小手・胴・突き」の四つの打突部位のなかでもっとも遠い位置にあり、焦ると無理して届かせようとして身体を前傾させて打ってしまいがちです。このような打ち方ではたとえ打突部位をとらえ

左手をおさめて構え、いつでも動ける、いつでも打てる構えを執る

たとしても、審査であれば評価されにくくなります。よって、下腹に力を入れて構え、いつでも動ける、いつでも打てるという構えを執ることが大切です。

構える際、左拳をへそから一握り程度前に出し、軽く絞り下げるようにして納めます。左拳のおさまりが悪いと構えが安定せず、技に冴えが出ません。上半身の力を抜き、上虚下実の構えをつくって相手と対峙します。

技は一拍子で出さないとまず成功しませんので先の気持ちをもって構え、左足にほどよく張りを持たせます。剣道は「恐いと感じた間合」でいかに我慢ができるかです。左足を常に打突できる状態でしっかりと構えます。

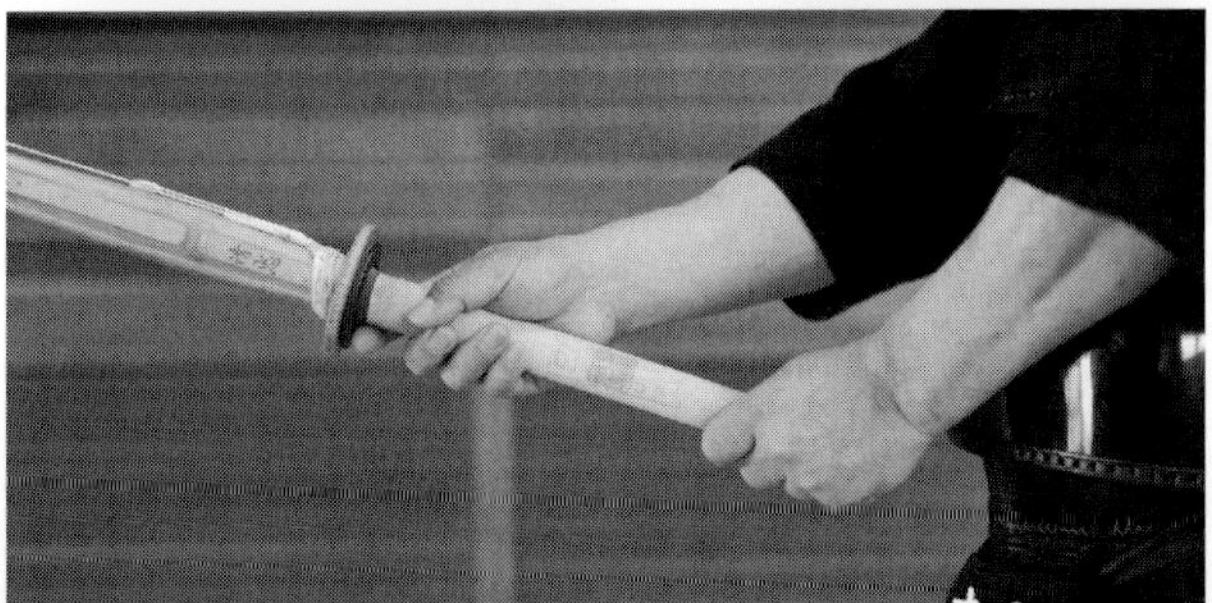

仕かけて打つ
柔らかく構え、相手が動いた瞬間をとらえる

仕かけて面を打つ場合、その機会は相手の心が動き、剣先が開く、もしくは下がったところです。攻めて相手を崩し、技を打ち込む過程では、相手の剣先を踏み込んでいくくらいの気迫が必要です。

剣先が開いたところを打つ

仕かけ技は、自分から仕かけて相手を崩して打つ技です。実戦では構えの変化をとらえる技がよく決まりますが、面も同様です。中心を攻めて「相手が少しでも動いたら打つ」という気持ちで圧力をかけていきます。柔らかく構え、相手の中心に剣先を軽く乗せるような気持ちで相手を崩します。攻めを施したとき、相手の剣先が開く、もしくは下がったときには躊躇なく面を打ち切ります。注意すべきは開いたところ、下ったところではなく、開こうとしたところ、下ろうとしたところを打つことです。この機会で技を出さないと遅れてしまいます

構えの崩れを打つ場合は、相手が引いて防御することもあるので充分に届く間合に入っておくことが大切です。また圧力をかけたとき、相手が打ってくることもあります。その場合は、その動

出てきたときは竹刀をすり込むように打つ

きに合わせて竹刀をすり込むようにして面を打つようにしています。相手の出方で打ち分けられるようにします。

出ばなを打つ
上から乗るような気持ちで出ばなを打つ

出ばな技は、相手の起こりをとらえるものですから機会は一瞬です。小さくコンパクトに打つ必要があります。竹刀操作を小さくして機会に応じて面と小手を使い分けます。

出ばな面は、相手を引き込み、相手が打とうとした瞬間をとらえるようにします。剣先の攻防で中心を取り、剣先が交差する際、右の手の内を若干内側に入れることで中心を取るようにします。このとき、左拳は身体の正中線から外さないようにします。正中線から大きく外れてしまうと刃筋が立たなくなり、不充分な打突になります。

出ばな面は、とくに体さばきと竹刀さばきに正確さと勢いがないと、相手の出てくる勢いに打ち消されてしまいます。動くのは相手が先かもしれませんが、自分から打ち切らないと有効打突には結びつきません。

相手と対峙したとき、上から乗るような気持ちで備えます。「自分に近い間合」をつくるには、心理的に有利にならなければいけません。上から乗るようにすると、相手の圧力を受け流すことができます。相手も同じことを考え、仕かけてきます。攻め合いに負けないためにも、上から乗るようにします。

出ばな面を打つ

出ばな小手を打つ

稽古法

気持ちを充実させ、動きの中で打つ稽古をくり返す

本番で会心の面を打つには普段から素振り、切り返し、打ち込み、掛かり稽古などの基本稽古を欠かさないことです。その結果が審査や試合に生きてきます。

打ち込み稽古は、元立ちが空けた打突部位を瞬時に打ち込む稽古法ですが、習技者は気持ちをしっかりと充実させ、打ち切ります。元立ちは習技者と呼吸を合わせ、隙をつくるようにします。

出ばな面を打つ稽古法として代表的なのが、習技者と元立ちが一緒になって前後の動きをくり返すなかで、面を打つものです。最初は「三回目で面を打つ」「五回目で面を打つ」など申し合わせておき、出ばな面の打ち方を覚えるようにします。

この稽古がある程度できたら、今度は間合の攻防をしながら元

立ちが出ばな面を打たせるようにします。前進後退だけでなく、左右の動きや、剣先を払うなど、なるべく本番に近い状態をつくるようにします。動きのなかで元立ちが習技者の打ちやすい間合に入り、その入り際を習技者は打ちます。

習技者は自分が打てる間合をしっかりと身につけます。打ち間に入ってからさらに間合を詰めて打っている人を見かけますが、それでは遅れてしまいます。普段の稽古で、自分の打ち間をしっかり覚えるようにします。

打突の機会は一瞬です。約束稽古で覚えた機会をさらに応用技として進化させ、自分の打つ機会を身につけることが大切です。

前進後退をくりかえし、元立ちが前進してきたところで習技者は面を打つ。この稽古に慣れたら間合の攻防から出ばなを打つ

絶妙小手を打つ
手元を上げさせる意識で攻め崩して打つ

小手は一瞬の隙をとらえる技。臨機応変の構えで打ち切る

小手は一瞬の隙をとらえる技。打突の冴えで一本にする

小手は剣先が上がったところが機会です。剣先の攻防で、相手の手元を浮かせ、その崩れたところを打ち切ります。小手は面・胴・突き、四つの打突部位のなかでもっとも移動性が高い部位です。攻めたとき、相手がどのくらい手元が動くのかを予測して打つことも求められます。例えば攻めたとき、こちらの圧力に耐えられなくて打って出てくる、もしくは手元を上げて防御する、どちらも小手を打つ機会ですが、打ち方が変わるのは周知の通りです。攻防のなかで相手を観察し、一瞬の判断のもと的確に打つことが求められます。

とくに小手は瞬間的な隙をとらえる技なので、隙と感じた瞬間には打ち切っていなければ成功しないので、手首を柔らかくして構え、打突の冴えで打つようにします。右手に余分な力が入っていると打ちがぎこちなくなるので余分な力を入れず、構えるようにします。

小手は、相手の手元が浮いていないところを打ってもほとんど一本にはなりません。まずは剣先の攻防で攻め崩し、相手の手元を浮かせることが大切です。打つのは、手元を浮かせた後です。気持ちを充実させ、攻め崩します。

小手は姿勢が崩れやすい。目線を変えずに最短距離で打つ

小手は、打ったあと姿勢が崩れやすい技です。四つの打突部位でもっとも下の位置にあるので、前傾姿勢で打ってしまいがちです。しかし、このような打ち方では一本になりにくく、姿勢も崩れやすくなるので、技が成功しなかったとき、二の太刀、三の太刀へとつなげることが難しくなります。

とくに小手を打つときは目線を一定にして構えた姿勢を崩さず、打ち切ることが大切です。四つの打突部位でもっとも至近距離にあるのでどうしても小手先で打ってみたくなるものですが、そのような打ち方ではなかなか有効打突にすることはできません。有効打突にできないばかりか、外されたり、抜かれたりして反対に打たれる危険性もあります。

面を打つときと同様、「この一本で決める」という覚悟で打ち切ります。相手の右足を踏むような気持ちで、大きく踏み出し、打突後は相手の右肩に、自分の右肩をぶつけるような気持ちで打つと腰の入った力強い打ちになります。

小手は相手の剣先を超えて上から打つ方法と、上がった手元の下から打つ方法がありますが、いずれも最短距離で打つことが大切です。大きく振り上げることなく、瞬時に打ちます。

目線を一定にして、姿勢を崩さずに最短距離で打つ。竹刀を大きく振ると体勢が崩れやすくなる

引き出して打つ
面を引き出して上がった手元を瞬時にとらえる

　面を引き出すには、待っていては成功しません。剣先の攻防で相手に圧力をかけ、面を打たざるを得ない状況をつくり、上がった手元を瞬時にとらえます。小手を打つ場合、上から打つ方法と下から打つ方法があります。

　上から打つときは、相手を打ち間まで引き込み、相手がまさに打とうとした瞬間を相手の竹刀と平行に打ちます。竹刀の軌道が大きくなると、その分、打つタイミングが遅くなります。小さく鋭く打つようにします。

　一方、下から打つ場合は、相手の剣先が過度に上がったりしたときです。構えた剣先をわずかに上げて手の内をきかせて打ちます。この技は手の内を柔らかく使うことができないと打てません。

面を引き出して小手を打つ

さらに相手の状態も重要な要素となりますので、相手をよく見極めて技を出すことが大切です。

相手を引き出すには、相手をじっくりと体と剣先で攻め、こちらは体勢を崩さず、充実した状態を維持させます。そのことが圧力なり、相手は打たざるを得なくなります。相手の面を待っていては、技が遅れますので、相手を攻めて、技を引き出すまで気持ちを溜め、動いた瞬間、一気に技を出します。

右拳を攻めて打つ
剣先を下げて右拳を攻め、手元が上がった瞬間を打つ

右拳を攻めると反射的に手元が浮くことがあります。相手の竹刀の真下に竹刀を入れる気持ちで右拳を攻め、このとき攻めが効いていると、相手は思わず手元を浮かせます。この手元が上がった一瞬をとらえます。右拳を攻めるとき、剣先を下げますが、こ

のとき身体を前傾させないことです。攻めようという気持ちが強すぎると、上半身に力が入り、剣先を下げたとき、身体も前傾してしまい、姿勢を崩してしまいます。相手に打突の機会を与えてしまうことにもなるので、目線を一定にして、間合を詰め、剣先を下げたとき、姿勢を崩さないようにします。

　相手の手元が上がっているので、相手の竹刀の下から打つことになりますが、手の内を柔らかく、瞬時に打ち切ることが大切です。右手に余分な力が入っていると打てないので、動きの中で瞬間的にとらえる稽古をするようにしましょう。

　昔から「小手が上手な人は勝負強い」と言われています。確かにその通りですが、小手を打てる人は、面も打てることが多く、上下の技を巧みに使い分けることができます。面を主軸とし、冴えた小手を打つ稽古をくり返すことが大切ではないでしょうか。

右拳を攻めて小手を打つ

突き技の習得

腰で突くことを覚えると技が鋭くなる

手先で突かない。
腰から突き出す気持ちで右足を出す

突きは他の技と比べ、打突部位が小さく、しかも剣先一点で突かなければなりません。難易度はきわめて高く、試合でも突く機会は少なく、稽古でも多用はしません。しかし、隙があればいつでも突くという気構えを持っておくことは必要です。

「隙があれば突く」という構えは自然と相手に威圧感を与えるも

「隙があれば突く」という構えは自然と相手に威圧感を与える

のであり、攻めも充実します。この構えができれば、相手は容易に打ち込むことはできません。突き心がそなわった構えを身につけることが剣道上達につながります。

このような構えを身につけるためにも普段から突きの稽古を行なうことは大切です。対人相手に突かなくても、打ち込み台や壁に向かって突くだけでも効果があります。

突くときは「手で突くな、腰で突け」の教えの通り、腰始動で突きます。

突くときは、腕を必要以上に伸ばさないように注意します。腕を伸ばしすぎると、上半身が前傾し、腰から突くことができません。突くときは腰を突き出す気持ちで始動し、右足を出します。この腰始動で突く感覚をくり返し、身につけるようにします。

腰で突く感覚が身につける

手で突こうと思うと姿勢が崩れる

突く機会は一瞬。相手の特徴を見極めること

突く機会は剣先が開いた瞬間、手元が大きく上がった瞬間、また、下がったところなどです。突きは、打ち気にはやっている相手、退らない相手などに効果的ですが、まずは相手をよく観察することが大切です。防ぎ方に応じて突き方も変わってきます。

また、突きが通用しない相手もいます。こちらが攻めると間合を切ったり、体をさばいて防ぐ相手にはなかなか突くことはできません。

突きの場合、速さよりも、突ける間合に入っておくことが大切です。相手に悟られず、気がついたときには突ける間合に入っておくことで相手に迷いが生じ、突く機会が生まれます。

間合を詰める際は、相手に打たれる危険性がありますので、細心の注意を払いながら間合を詰めるようにします。相手に悟られずに間合に入るには、やはり足さばきが大切です。足さばきがしっかりできていれば、構えを崩さずに間合を詰めることが可能となります。

突きたい気持ちが強いと余分な力が入りますので、腰始動で力を抜き、無理なく腰から突くことが大切です。

表から突く
相手の居つきを瞬時にとらえて突く

表から突く際は、手首を少し絞りながら突きます。刃部を真下から右斜め下になるように手首を返しながら突くことで威力が増します。

表から突く場合は、とくに間合の入り方が大切になります。相手が「危ない」と感じたときにはすでに間合に入っていることが必要であり、その居ついた瞬間を突くようにします。

間合を間違えると、腕を無理に伸ばしながら突いたり、身体を前傾させながら突いたりしてしまい、正しい姿勢で突くことができません。姿勢が崩れた状態で突くと、相手に打突の機会を与えてしまうことにもなりますので、緻密に間合を詰めることが必要になります。

表から突くには色々な方法がありますが、その一つに鍔元を攻め、相手の剣先を外して突く方法があります。鍔元を攻めると相

表から突く

手は小手を警戒して剣先を外して防御にまわります。その居つきを突くのです。

左足の引きつけが遅いと姿勢が崩れやすくなりますので、突いたときには左足を引きつけているような気持ちで、素速く腰で突きます。

裏から突く
手元を上げた瞬間に裏から突く

裏からの突きは、表鎬で防御する相手に使うと効果的です。突いたとき、左拳が中心から外れやすくなるので、表からの突きと同様、左拳を納めて突きます。

裏から突くことを意識しすぎると、竹刀をまわしながら突いてしまい、うまく突くことができません。刃部はやや左斜め下になりますが、気持ちはまっすぐに突くことが大切です。

相手の手元を上げさせるには、中心をしっかりと攻め、相手に「面を打たれるかもしれない」と感じさせることが大切です。中心を取りながら、相手が思わず防御した瞬間を突きます。

突きは、剣先で相手の体重を支えることになりますので、肘を伸ばすのと同時に、左右の手の内を絞り込む必要がありますが、絞ることを意識しすぎると力みますので、なるべく構えた姿勢を崩さずに突くようにします。

裏から突く

連続技の習得

実の一本の連続で小手・面を打つ

一本で決める覚悟。最初から面を打つことを想定しない

試合や審査で小手・面が決まる局面があります。剣道は「一度技を出したら、決まるまで打ちをやめるな」と教えており、一本で駄目なら二本、二本で駄目なら三本と実の一本の連続で技を出し、最終的に一本を決めることが大切です。

したがって小手を打つときは、防がれていなければ一本になる小手を常に打つことが大切であり、日頃からそのような小手を打つ稽古をくり返すことが重要となります。

小手は瞬間的な隙をとらえる技です。隙と感じた瞬間には打ち切っていなければ成功は難しく、手首を柔らかくして構え、打突の冴えで打つようにします。右手に余分な力が入っていると打ちがぎこちなくなるので力まず構えるようにし、瞬時に技を出します。

小手は四つの打突部位のなかでもっとも下の位置にあるので、

まずは一本を決める覚悟で小手を打つことが大切

打突時、姿勢が崩れやすくなります。目線を一定にして、姿勢を崩さずに打ち切り、防御されたとしても瞬時に打突姿勢を整え、次の打突に備えるようにします。

小手・面の打ち込みで左足の引きつけを鋭くする

実戦で小手・面と渡っていく技は練度が上がるにつれて通用しにくくなりますが、日頃の稽古での小手・面の打ち込みをくり返すことで安定した打突姿勢、鋭い左足の引きつけを身につけるのに有効です。実戦と同様に小手・面ともに有効打突になる打ち方で行ないます。

打ち込み稽古の項目でも述べましたが、打ち込み稽古は打突動作そのものより、その前段階である「攻め」と「つくり」の部分に気を配ることが大切です。実際に有効打突が決まる前には必ずつくりがあります。相手を打つにはそのつくりが大切であり、つくりを意識すると実戦に即した内容になります。

小手・面の打ち込みの場合、小手が不十分な打ちにならないように注意します。小手は打突部位がもっとも近くにあるので当てにいくような打ちをしてしまいがちです。しかし、実戦でそのよ

小手・面の打ち込みで左足の引きつけを鋭くする

うな打ち方をすると、技が有効になりにくくなるだけでなく、相手に反撃の隙を与えてしまうことにもなります。

小手をしっかり打ち切ったのちに左足を素早く引きつけ、面もしっかりと打ち切るような体軸かぶれない打ち込みをくり返すようにします。

相手の状況で使い分ける。実戦の小手・面三種

実戦で小手・面が決まる場面は相手が小手に出ようとしたところに小手・面、居ついたところに小手・面、相手が引いたところに小手・面、おおむねこの三種類が考えられます。

●小手に出ようとしたところに小手・面

相手が小手に出ようとしたところに小手・面は、相手の起こりに小手・面と打ち込むものですが、相手の小手を待っていては遅れてしまいます。攻め合いで圧力をかけながら小手を誘い、相手が苦し紛れに小手を打ち込んでくるような状況をつくります。相手も打とうと考え、攻めてきますので、なかなか自分の思い通りにはいきませんが、構えを崩さず、相手を動かすようにします。

この技は、相手の動きをよく見て小手を誘い、手元が上がった瞬間に小手を打ち、そのまま面を打ち込むようにします。

昇段審査ではたいていの受審者は初太刀に面を狙っています。それを察知した相手が出ばな小手を狙っていることもあります。このような相手はこちらが打とうとすると手元が上がりやすいので、この小手・面は有効です。

●居ついたところに小手・面

この小手・面は、こちらが小手を打ち切り、その小手を防いだ相手が居ついたところに間髪入れずに面を打つものです。小手を

小手に出ようとしたところに小手・面

相手が引いたところに小手・面

居ついたところに小手・面

防ぐと、剣先が中心から外れるので、そこに面を打ち込むのです。面を打つことを想定して小手を打つと、小手打ちの威力が弱くなりますので、こちらも本気で小手を決める覚悟で打ち切るようにします。そのような打ちであるがゆえ、相手は必死に小手を防ごうとします。そこにできた隙に面を打つのです。

●相手が引いたところに小手・面

小手を打ったとき、引きながら防御する相手もいます。このときは素早く左足を引きつけて打突姿勢を整え、面を打ちます。相手が下がっていますので、その分、間合を詰める必要があり、左足の引きつけが遅くなると、相手をとらえることができません。左足の素早い引きつけは、日々の稽古の中で覚え込ませるしかありませんので、日頃からすり足、素振りなどの一人稽古と基本稽古をくり返すことが大切です。

応じ技の習得

出ばな技を打つ感覚で一拍子で応じる

応じ技も一拍子で打たなければ成功は難しい

応じ技は、すり上げ技、返し技、抜き技、切り落とし技などがありますが、いずれも相手の技を待っていては成功しないのは周知の通りです。現象面では相手よりあとに技を出しますが、気持ちが先でなければ成功しません。

私は相手に攻めを伝えるために剣先を上から乗せるようにして

下段からの素振りで応じ技の手の内を身につける

中心を取るようにしています。身体の中心からみなぎる気を発し、その力を剣先に乗せて、その力で間合を詰めるようなイメージです。そこで相手がこちらの攻めを感じるとなんらかの反応を見せます。思わず相手が出ようとすれば出ばな技が有効ですし、出てきたところを竹刀でさばいて打てば応じ技になります。出ばな技も応じ技も同じ感覚で一拍子で打つことが大切です。

応じ技は、相手が出てきたところに返す、すり上げるなどの応じる動作を施すと同時に打つ動作を行なわなければなりません。受ける動作と打つ動作の流れを切らずに一拍子で行ないます。

この一拍子の動作を可能にするのは柔らかい手の内と円滑な体さばきです。相手を引き出した瞬間、すばやい動きに対して小さく鋭く、かつ正確に応じて打たなければなりません。手先だけで相手の竹刀に対応しようとすれば、必ず打ち負けてしまいます。

このような応じ技を身につけるには素振りが効果的です。素振りにはいろいろな種類がありますが、応じ技を磨くには下段からの素振りが有効です。下段の構えから表（裏）鎬で仮想相手の面打ちをすり上げ、すかさず面を打つという動作です。この素振りを繰り返すことで、応じ技に有効な手の内を学ぶことができます。

また、普段の稽古で技の稽古を欠かさないことも重要です。稽古時間に限りがあるかもしれませんが、技の稽古を務めて行なうようにしたいものです。

小手に対し相小手面
出小手を誘い手元が上がった瞬間を打つ

相手の小手に対して、こちらも小手を打ち、さらに面に乗っていく技が相小手面です。相手が出小手を狙っているような局面で有効です。相手の小手に対して上から乗るように合わせて面に乗っていきます。

こちらが施した攻めに対し、動揺した相手が小手を打ってきます。その手元が上がったところに小手を打ち、さらに面を打ちます。

この技は、早くから打突動作に入ると自分から相手に隙を与えることになってしまいます。相手の動きをよく見て出小手を誘い、手元が上がった瞬間に小手を打ち、そのまま面を打つのですが、相手も小手を打たせようと思って攻めを施してくることもあります。引き出したのか、引き出されたのかは紙一重ですので、しっかりと攻め、小手に誘導することが大切です。

連続技の習得の頁でも述べましたが、昇段審査ではたいていの受審者は初太刀に面を狙っています。それを察知した相手が面返し胴や出ばな小手を狙っていることがあります。このような相手はこちらが打とうとすると手元が上がりやすいので、この相小手面は有効と考えられます。

小手に対し相小手面

小手に対してすり上げ面
小さな円運動ですり上げる

小手すり上げ面は、表からすり上げる場合と裏からすり上げる場合があります。私の場合、やや剣先を開いて鍔元近くで相手の打突をすり流すようにして面を打つことが多いです。

すり上げる動作は円運動です。最小限の動きで、すり上げるには右手をわずかに動かすだけで充分です。すり上げた瞬間、こちらの竹刀を振り上げて面を打ちます。

ぎりぎりのところまで引きつけることができれば手の内を小さく鋭くきかせてすり上げるだけで面を打つことができます。もちろん、小さくといっても手打ちでは成功させることはできません。足と手を連動させ、「きめ」をつくります。

表からの小手すり上げ面は、右足を前に出しながら、小手を打ってくる相手の竹刀を表鎬ですり上げ、そのまま踏み込んで面を打ちます。しかし、実際には小手を打ってくる相手の竹刀に対して、自分から出ながらわずかに竹刀を右に開きながらすり上げると、この技は決まりやすいと思います。

小手に対してすり上げ面

面に対して返し胴
腰を入れて歯切れよく胴を打つ

ひと昔前は奇襲技として跳び込み胴も試合で見られましたが、いまはほとんど見られなくなりました。私も実際の場面で使う胴技は返し胴がほとんどで、こちらが攻めることで相手が面に跳んできたところを胴に返します。

とくに面返し胴は目と腰の運用が重要です。剣道には「不離五向」という教えがありますが、気持ち、目、へそ、爪先、剣先を相手から離さず、相手の動き全体をみると、それ自体が攻めとつながっています。その重要性を説いたものが「不離五向」の教えです。

打突動作に移る際は、腰を入れて胴を打ちます。腰が入ると竹刀を円滑に操作することができ、歯切れのよい胴を打つことができます。

相手の面が来てから返そうとしても動作は遅れます。面を待つ

面に対して返し胴

のではなく、相手の竹刀を迎えにいくような気持ちで面を胴に返します。返し技は、打つか打たれるか、髪の毛一本を残すような、相手の技がまさに決まろうとする瞬間まで相手を充分に引き込んで打つことが大切です。「面を待って胴を打とう」と思うと動作が遅れます。出ばなを狙う感覚で面に来た瞬間には身体が自然に反応して打っていたという状況をつくりたいものです。

素振りの要領

明日の稽古につながる素振りをする

素振りに剣道の重点事項がすべて入っている

素振りは竹刀操作の原則を体得するためにたいへん重要な稽古法です。素振りをすることで手の内、体さばき、竹刀操作など剣道の重点事項がすべて学ぶことができます。

素振りは数をかけて振ることも大切だが、もっと大事なのは継続して振り続けること

一人でできる効果的な稽古法の一つであることは間違いありませんが、その方法を誤ると素振りのための素振りになってしまい、打突動作に直結しないものとなってしまいます。

一本につながる素振りをするには肩の使い方がポイントになります。構えた姿勢を維持したまま肩を支点に振り上げ、振り下ろします。振り上げる際、右手に力が入りすぎると肘から上げたり、左拳が前に出過ぎたりします。これでは剣先が走る素振りはできません。

剣道が上達するには隠れた努力も必要です。他人が見ていないところで工夫・研究して自分に足りないところを補っていくことが大切ですが、そのもっとも有効な手段が素振りです。素振りは数をかけて振ることも大切ですが、もっと大事なのは継続して振り続けることです。素振りは一人でできます。空き時間を利用して振ることを心がければ、それが実力として蓄積していくはずです。「素振り一生」という教えもあります。

まっすぐに振り上げ、まっすぐに振り下ろす

素振りは、竹刀をまっすぐに振り上げ、まっすぐに振り下ろすことが大原則です。しかし、これは意外と難しく、疲れてくると軌道が中心からずれてきます。

竹刀の振り上げは、肩を支点として手の内を変えず、竹刀を振り上げます。腕を折り曲げたり、左拳を前に突き出したりせず、構えた状態を維持し、そのまま振り上げていきます。腕を折り曲げて竹刀を振ると一見、速く振れるように見えますが、このような振り方を実戦ですると、相手から小手が丸見えになってしまいます。

振り下ろす際は、物打ちで相手の打突部位に向けて振り下ろすことを意識します。面を打つときは、左右の力を均等にして振り

竹刀はまっすぐ振り上げ、まっすぐ振り下ろすことが原則。肩を支点として振り上げ、相手の面に向かって振り下ろす

手の内を変えない

下ろし、右拳は肩の高さ、左拳は鳩尾の高さにもっていきます。

右手主導で振ると正確な打ちができなくなります。下腹に力を入れて構え、下半身始動で、左右の力を均等にして振るように心がけます。

振り上げるとき左手を突き出さない

左足の引きつけを素早く行ない鋭い一本をつくる

技は鋭く、正確に打つことが求められますが、そのように打つには左足の引きつけが重要となります。左足の引きつけが早くなると技は鋭くなり、冴えも生まれます。素振りをするときも、このことを強く意識します。

振りかぶるときは右足を動かさず、振り下ろすときに左足で踏み切り、引きつけます。これが打ち込み稽古のときの左足の引きつけにつながり、さらに本番での充実した一本につながります。

上虚下実で構え、下腹に力が入った状態をつくる

左足を残さない

足を送る際は左足を意識し、身体を大きく使います。歩幅を大きくすると姿勢は崩れやすくなりますので、なるべく崩さないように腰始動で行ないます。このとき、右足のつま先は上げず、床を摺るようにして前に出します。つま先が上がるくせがつくと、踏み込むときも右足が上がりやすくなります。

手足を一致させ、時間をかけて素振りをすると、肩の力が抜けます。肩の力が抜けるので、移動も円滑になります。この重心移動を身体で覚えると体力が落ちても機会に応じて無理なく技を出すことができるようになります。

左足で右足を押し出すような気持ちで右足を送り、ただちに左足を引きつける

つま先を上げない

腰割りで強靭な足腰、左右面で手の内をつくる

素振りは目的に応じて色々な種類がありますが、ここでは足腰を鍛える腰割りと手の内をつくる左右面を紹介します。

腰割り素振りは両足を広げ、その場で一本一本腰を落としながら振る素振りです。腰を落としたときは木刀が床と水平になるようにする振り方と、上下振りのように剣先を落とす振り方があります。両足を広げ、腰を落としながら振ることで、足腰に負荷をかけ、下半身を鍛えます。速く振る必要はありません。正しい姿勢で竹刀（木刀）を振り上げ、振り上げた姿勢を維持したまま腰を落としながら振り下ろします。

前進後退左右面は、竹刀をまっすぐに振り上げ、ここから手首を返して左面、右面を振り下ろします。最初から返すことを意識すると竹刀をまわしてしまい、間違った手の内を覚えてしまいます。手の内の作用で刃筋の動きを変えるようにします。振り上げは手の内を元に戻しながら上げることでまっすぐに竹刀が上がります。正面打ちと同様、右手を肩の高さで伸ばし、左手の握りは鳩尾に収めます。

腰割り素振りは足を広げ、その場で一本一本腰を落としながら振る。速く振る必要はない。正確に振る

左右面は竹刀をまっすぐに振り上げ、振り上げたところから手首を返して左右面を打つ

基本稽古
土台がなければ会心の一本は打てない

有効打突は基本のくり返しで身につけるしかない

基本稽古をくり返して剣道の土台をつくる。それが会心の一本をつくる

基本稽古は単純な動作のくり返しです。基本稽古なしに実力は着かないことを誰もが理解しています。しかしながら、なかなか基本稽古に時間を割けないのも現実ですので、意識的に基本稽古を行なうことが大切になります。互格稽古を行なう前に必ず打ち込み、切り返しをする、指導稽古の終わりには掛かり稽古をお願いするなど意識的に励行するようにしたいものです。

薄紙を一枚一枚積み重ねるように基本稽古をくり返し行ない、正しい姿勢と体さばきとの一体的な遣い方を身につけ、これが土台となって有効打突を生み出します。稽古事は百錬自得以外にありません。姿勢を崩さず、腰始動で打ち切る稽古を心がけましょう。

ただし、いくら努力をしても結果が出ないときがあるかもしれません。しかし、そこであきらめれば花は咲きません。根を伸ばす作業が剣道では基本稽古のくり返しだと思います。

「何も咲かない寒い日は、下へ下へと根を伸ばせ。やが

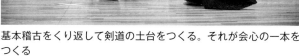

て大きな花が咲く」の教えのように、土台づくりをしっかりと行うことが大切です。

立ち姿を確認。下腹に力を入れて上虚下実の構えをつくる

構えは剣道のすべての動作における原点です。構えが立派であれば、おのずと打突動作にも風格ができ、美しさのある一本を生み出すことができると思います。そこで稽古に入る前に、まずは構えを正しておくことが大切です。自分では立派に構えているつもりでも、腰が曲がっていたり、手首を必要以上に絞り込んでいたりするものです。肩の力を抜き、背筋を伸ばし、自分の一番よい構えをつくり、その構えで基本稽古を行ないます。

上虚下実の構えができると剣先が活きます。剣先が活きた構えは相手に威圧感を与えますので、攻防で優位に立つことができます。

下腹に力が入っていないと左足の膝が折れ、姿勢が崩れます。このような構えからでは、正確な打突をすることができませんので、稽古中も自分が正しい構えを執れているかを確認するようにします。足幅が広がりすぎても構えは崩れますので注意します。

相手と対峙すると緊張して姿勢は崩れやすくなりますが、頭が上下動していないことがひとつの目安になります。目線を変えず、いつでも打てる構えをつくるようにします。

稽古前に構えを確認し、下腹に力を入れて上虚下実の構えをつくる

打ち込み稽古は元立ちがつくった隙に姿勢を崩さずに打つ

打ち込み稽古は、元立ちのつくった隙に対して瞬時に反応し、姿勢を崩さずに一拍子で打突するものです。

「打ち込み十徳」といわれる通り、打ち込み稽古には剣道上達の要素がたくさん含まれています。打ち間、手の内、身体の送りなど身につけられる項目は多岐にわたりますが、これらを意識して行なうことが大切です。

また、打ち込み稽古では、打突動作そのものより、その前の段階である「攻め」「つくり」の部分に気を配ることが大切です。実際に有効打突が決まる前段階には必ずつくりがあります。相手を打つにはそのつくりが大切であり、そこを意識すると実戦に即した内容になります。

攻めを意識すれば、打ち間への入り方も工夫するようになります。単調な動きにならないように注意し、攻めの幅を広げるようにすることが大切です。

わたしは素振りが打ち込みに、打ち込みが地稽古に、地稽古が

打ち込み稽古では、打突動作そのものより、その前の段階である「攻め」と「つくり」を意識する

実戦（試合・審査）につながるような内容を常に求めるべきと考えています。素振りから実戦まで一本につながっていないと、効果的な稽古とは言えないと考えています。

元立ちがもっとも重要。気を張って隙を打たせる

打ち込み稽古は、元立ちの技量が問われます。優れた元立ちに稽古をお願いすると苦しいながらも実りある稽古ができるのは周知の通りです。

元立ちは習技者に正しい打突動作を覚えさせることはもとより、間合や機会などより高度な要素を、打ち込み稽古を通して導くことが役割になります。気を合わせながらパッと隙をつくる、適正な間合をとるなど習技者の全能力を引き出してやるような気持ちで、打突部位を打たせます。あからさまに打突部位をあけていては効果が薄くなります。打ち間に入ってきた瞬間に、ほんの少しだけ竹刀を立てる、剣先を開くなど実戦に近いかたちで隙をつくることが重要です。

同等の者同士で稽古をする時も常に実戦のような緊張感をもって行なうことが大切です。

打ち込み稽古は元立ちの役割がもっとも重要。習技者に正しい打突動作を覚えさせるとともに間合や機会を教える

切り返し

切り返しが剣道の基礎をつくる

会心の一本は切り返しの積み重ねから生まれる

切り返しは正面打ちと連続左右面打ちを組み合わせたもので、剣道の基本動作を総合的に習得する稽古法です。警視庁では冬場の鍛錬期間、切り返しをはじめとする基礎訓練をしっかりと行ない本番に向けての身体をつくっています。

切り返しを行なうことで正しい姿勢、構え、間合、足さばき、竹刀操作、太刀筋、手の内の締め方、緩め方、手首の返し方、呼吸などを身につけることができます。剣道の基礎を身につけるために必要不可欠な稽古法であることは周知の通りですが、実際の稽古で、切り返しになかなか時間を取れないのも事実です。とくに同好の士が集まる稽古では互格稽古に終始しがちです。互格稽古ももちろん大切ですが、その前後に必ず切り返しを行なうなどして、その時間を意識してつくることが大切です。

審査や試合などで有効打突を決めるには、基礎訓練の積み重ねが重要です。応用動作は基礎訓練なしにはできませんので、身体を目一杯使って切り返しを行ないます。苦しい稽古法ですが、一本一本の積み重ねが会心の一本を生み出すといっても過言ではありません。先生方に稽古をお願いしたときにも必ず切り返しを受けていただくようにしましょう。

身体を目一杯使って切り返しを行ない、基礎訓練を積み重ねることが重要

まずは正しく行なうこと。とくに左右面は刃筋を意識する

切り返しは、一足一刀の間合から正面を打ったのち、前進四本、後退五本左右面を打ち、最後に中段に構え、一足一刀の間合から正面を打つまでを一回としています。習技者の技量や状況に応じて元立ちが左右面の数を増やしたり、前後の移動なしで、その場で左右面を打たせたりもしますが、習技者がとくに注意しなければならないのは、相手の面をしっかり打つことです。

通常の切り返しは、元立ちが左右面を竹刀で受けます。しかし、打つのは元立ちの竹刀ではなく、打突部位です。一本一本しっかりと相手の左右面をめがけて正確に打つことが大切です。

切り返しの要領は「大強速軽」と教えています。「大きく・強く・速く・軽やかに」です。全身を使って大きく・強く・速く・軽やかに行なうことを教えていますが、まずは正しく行なうことが大切です。無理に速く行なおうとすると左右面が小さくなり、正しい打ち方ができません。一本一本正確に相手の左右面を打つことを意識し、それができたら徐々にスピードを上げていきます。

とくに相手の右面を打つときに充分、手首が返っていないことがよくあります。手首が返っている感覚は、木刀で左右面の素振りを行なうと意識しやすいと思います。

左右面も有効打突の条件に合致した打ちを常に行なうことが、実戦での一本につながります。

切り返しはまずは正しく行なうことが大切。とくに左右面は刃筋を意識して行なうこと

元立ちが大事。習技者を引き立てること

切り返しは元立ちが大切であり、元立ちが主で習技者を引き立てることで、習技者は充実した切り返しを行なうことができます。よって習技者以上に気力を充実させ、習技者の動作を観察し、気持ちを読み取り、しっかり呼吸を合わせて受けることが大切です。

習技者がどんなに正しい切り返しをしていても、元立ちの気力が充実していなければ、習技者は正しい切り返しを続けることはできません。習技者の一番いいものを引き出してやるような気持ちで受けるようにします。

左右面を受ける方法は、習技者の打ちを引き込む受け方と打ち落とす受け方の二種類あります。

引き込む受け方は、習技者の打ちを素直に伸ばすことがねらいで、とくに初心者にはこの受け方を用います。竹刀を垂直に立てて、両拳を身体の中心から左、または右に引き寄せながら、左右面打ちの竹刀を自分に引き込むように受けます。これによって習技者は、伸びのある打ちや、手の内を習得することができます。

一方、打ち落とす受け方は、打つ瞬間の手の内や上半身の遣い方などを習得させることがねらいで、ある程度の技能を身につけた習技者に用いる方法です。竹刀を左斜め、または右斜めに出しながら、左右面を打ち落とすように受けます。これにより習技者は正しい打ち方を体得することができます。

いずれの受け方にしても、打ちを受ける瞬間に手の内をきかせ

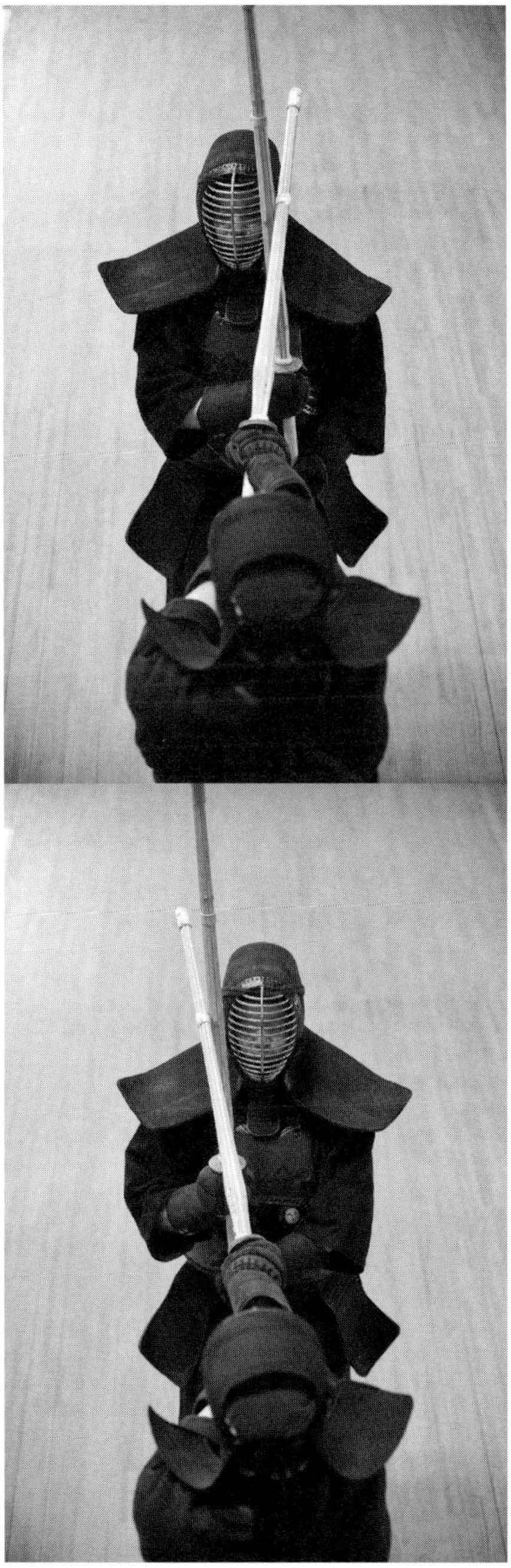

引き込んで左右面を受ける

打ち落として左右面を受ける

ることが大切です。

切り返しは、元立ちの合図で終わるのが本来の方法ですので、習技者の状況に応じて、左右面の数を調整し、すべてを引き出してやるような気持ちで受けることが大切です。

最後の面打ちは全力。苦しいときの一本が勝負どころで生きる

切り返しは最後の面打ちがもっとも重要です。切り返しは、左右面を連続一息で行ないますので、とても苦しいものです。左右面を打ったのち、気持ちが抜けた状態で面を打っている習技者を散見しますが、これでは効果は半減してしまいます。最後の面はどんなに苦しくても有効打突の条件に合致する打ちを行ない、すべてを出し切ります。

左右面を打ち終えたとき、一度、中段に構えますが、このとき、しっかりと打てる構えをつくっておくことが大切です。構えが中途半端だと、当然、面打ちも中途半端になりますので、苦しくてもしっかり構え、足を継がずに打ち切ります。

急いで行おうとすると姿勢が崩れやすくなりますので、焦らず、姿勢を整えて面を打ちます。

実戦における打突の機会は一瞬です。機会は一瞬で消えてしまいますが、苦しいところで気を抜かずに、しっかりと打ち切る稽古を積み重ねることが、実戦での一本につながると考えています。

切り返しは最後の面打ちが重要。有効打突の条件に合致する打ちを行なうこと

上段対策

上段の癖を感じ、受けにまわらないこと

上段は火の位。まずは苦手意識を持たないこと

普段から上段対策を研究しておくことが大切

上段は火の位といわれるように、小手・突き、胴をあけた状態で構え、「隙あらば打つ」といった気迫で相手に圧力をかけてきます。上段は捨て身で技を出し、失敗したらあとはない。相打ち覚悟で技を出してきますので、このような相手と対峙するには上段以上の気迫をもって臨まねばならず、少しでも苦手意識を持つと畳み込まれてしまいます。

一般的に上段を執る相手と稽古をしたり、試合をしたりすることはさほど多くないと思われます。それゆえ、相手が突如、上段を執るとなにをしていいかわからず、慌ててしまうことがあります。そうならないためにも普段から上段を研究しておく必要はあると思います。

近年は昇段審査で上段を執る方もいます。我々が審査を受けていた頃はどんな上段の名手でも中段で受審していましたが、最近は上段を執る受審者も見受けられます。

上段を知るには上段を執ってみるのも方法の一つです。わたしも大学卒業後、一時期、上段を執っていたこともありました。実戦で上段を執ることはなかなかできないかもしれま

せんが、打ち込み台を相手に上段を執り、打ち込んでみるだけでも学べることはあると思います。

構えの三角形に自分の剣先を入れない

相手が上段に構えたときは、「剣先を左拳につけなさい」と教えています。しかし、実際にはその位置からでも上段から片手小手が打てるので、小手を完璧に防御する意味で、自分の剣先は相手の構えの三角形の内側に入れないようにします。こうすることで小手は完全に防御でき、上段を執る相手は面一本で勝負するしかない状況をつくれます。

この構えで相手と対峙し、間合を詰め、打突の機会を探っていきます。剣道は相手を遣うことができれば優位に立てるのは周知の通りです。上段を執る相手でも遣うことができれば、優位に進めることができます。

対上段は中段同士の立合と違い、剣先のやりとりがありません。その分、間合がつかみにくく、どこまで詰めれば打てるのか、また打たれるのかを瞬時に把握する必要があります。とくに足の動きが止まると、上段からは的が絞りやすくなります。常に足を小刻みに動かし、的を絞らせないことも上段対策の有効な手段のひとつです。

とくに上段に対しては気持ちで後れをとると防戦一方になってしまい

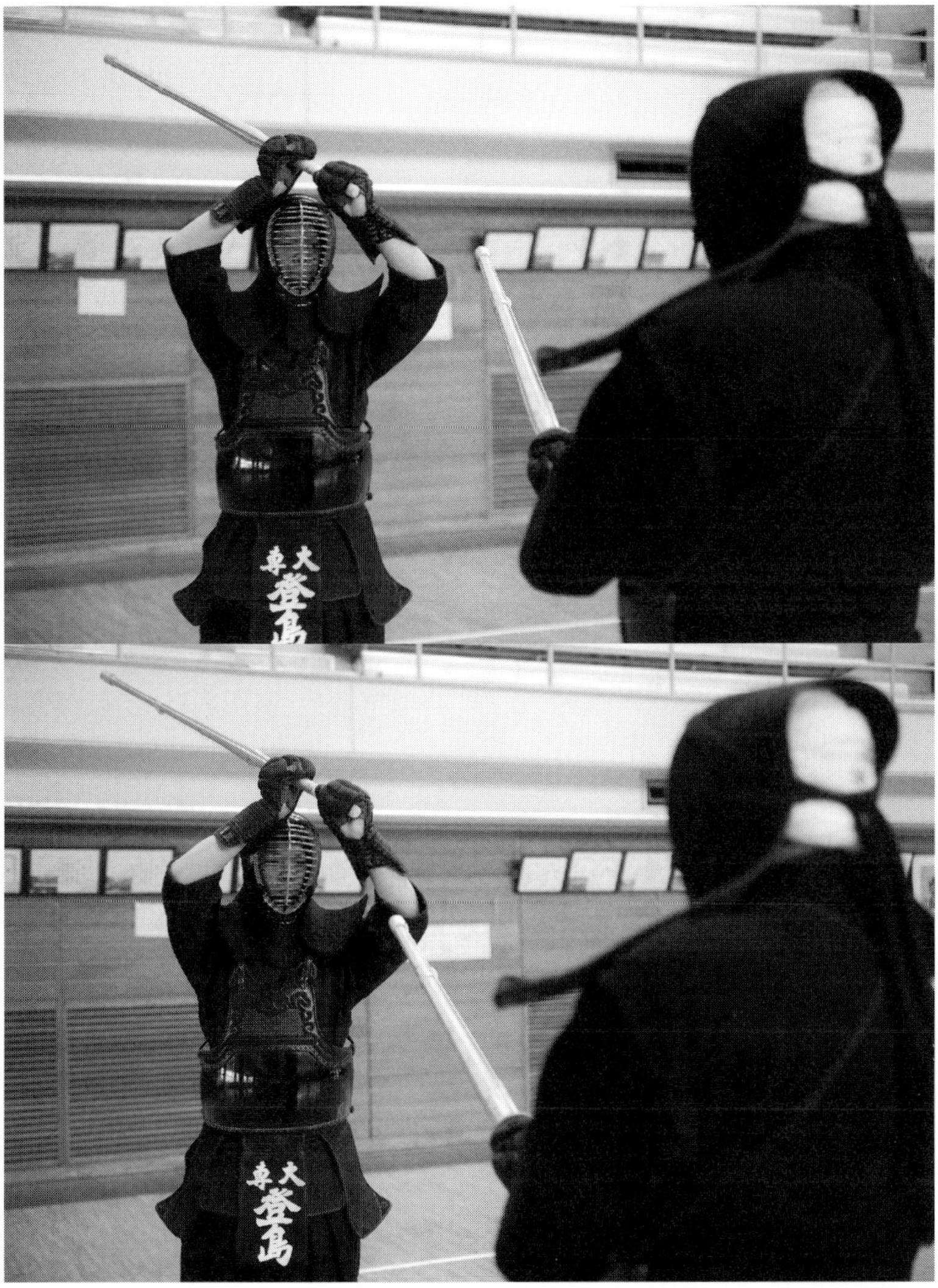

上段と対するときは小手を完全に防御する構えを執り、上段の構えの三角形に自分の剣先を入れない

ます。気持ちで先をかけ、一歩も引かないようにします。

上段の癖を感じ取り、裏を衝いて技を出す

中段を執る人でもいろいろな剣風があるように、上段を執る人でもいろいろな剣風があります。上段を攻めるときは左小手を狙う場合と突きを狙う場合がありますが、一般的に左小手を狙うと開いて防ぐ、突きを攻めると構えを下げて防ぎます。このとき、小手を開いて防げば片手突き、突きを下げて防げば右小手を打ちます。

このように攻めたときの反応に応じて技を選択しますが、まずはその癖を感じ取り、それに応じて技を出すことが大切です。打つことより、攻めて崩すことを意識します。

上段は突き、小手、胴を空けて構えますが、やはり突きを攻められると苦しくなります。「いつ突いてくるのか」がわからなければそれだけで上段を執るほうは脅威になるものです。

上段と対戦したときは、容易に相手が打ちおろせない間合を保持し、そこから確固たる気構えで間合を詰めていき、突きを攻めて小手、小手を攻めて突きと表裏一体で揺さぶっていくことが一つの定石です。

左小手を攻めて片手突き

構えを下したところに右小手

居ついたところに左小手

突きが危ないと感じれば相手の構えは下がります。また、小手が危ないと思えば、腕を引くので、突きの機会が生まれます。表裏一体で攻めると相手の動揺を誘いやすくなります。相手が動揺すれば無理して打ってくるので、応じ技を出せる機会も生じます。

上段に対しても平素の稽古から研究することが大事です。

稽古の質を高める
大事なのは真剣な稽古を積み重ねること

蹲踞も重要。礼法をおろそかにしない

稽古の質を高めるためには正しい教えを受け、正しい稽古の回数を増やしながら工夫していくことが大切です。稽古の求め方、素振りの要領とお話ししたことと重なる部分もありますが、日頃、心がけるべきポイントを述べます。

剣道は「礼に始まり、礼に終わる」と言われているように、礼法を大切にしています。しかし、できているようでできていないのが礼法です。わたしは「蹲踞だけは負けない、礼法だけは負けない」という気持ちで蹲踞を行なうようにしています。蹲踞をおろそかにすると、稽古の内容も悪くなります。腰を落としながら丹田を充実させ、その気分をもって構えると、上虚下実の構えになります。

蹲踞はだれもができていると考えがちです。しかし、自分が思っていた以上に背筋が曲がっていたり、抜刀や納刀がおかしくな

蹲踞をしっかりと行なう

帯刀は剣先を上に向けない

抜刀は下から抜いたり、上から大げさに抜かない

蹲踞は上半身が床と垂直になるようにする。前傾させない

ったりしているものです。抜刀時、下から抜いたり、上から大げさに抜いたりしているところを散見しますが、抜刀は鞘から刀を抜くような気持ちで行ないます。

また、相手と呼吸を合わせて行なうことが重要です。稽古でも試合でも、自分勝手に行なうことなく、相手と呼吸をしっかりと合わせて行ないましょう。

隠れた努力も必要。素振りを継続する

素振りは竹刀操作の原則を体現するためにたいへん重要な稽古法です。素振りをすることで手の内、体さばき、竹刀操作など剣道の重点事項をすべて学ぶことができます。しかし、効果的な稽古法の一つではありますが、その方法を誤ると打突動作に直結しない素振りになってしまいます。

一本につながる素振りをするには肩の使い方がポイントになります。構えた姿勢を維持したまま肩を支点に振り上げ、振り下ろ

肩を支点に振り上げ、振り下ろす。正しい素振りを継続して行なうこと

します。振り上げる際、右手に力が入りすぎると肘から上げたり、左拳が前に出過ぎたりします。これでは一本につながる素振りになりませんので、構えた状態を維持し、まっすぐ振り上げ、まっすぐ振り下ろすようにします。右手主導で振ると一拍子の打ちができなくなります。構えも不安定になりますので、下腹に力を入れて構え、下半身始動で左足を鋭く引きつけて素振りを行なうようにします。

剣道上達には隠れた努力が必要であり、そのもっとも有効な手段が素振りです。素振りは数をかけて振ることが大切ですが、もっと大事なのは継続して振り続けることです。空き時間を有効活用して取り組みましょう。

互格稽古だけでなく、打ち込み稽古を励行する

打ち込み稽古は、元立ちのつくった隙に対して瞬時に反応し、姿勢を崩さずに一拍子で打突するものです。

基本稽古の頁でも紹介していますが、「打ち込み十徳」といわれる通り、打ち込み稽古には剣道上達の要素がたくさんふくまれています。打ち間、手の内、身体の送り方など身につけられる項目は多岐にわたりますが、これらを意識して行なうことが大切です。

基本稽古は単純な動作のくり返しです。基本稽古なしに実力が着かないことは誰もが理解しています。しかしながら、なかなか時間を割けないのも現実ですので、意識的に行なうことが大切になります。互格稽古も大切な稽古法の一つですが、互格稽古を行なう前に必ず打ち込み稽古を行なうなど、習慣として行なうことが大切です。

打ち込み稽古は元立ちの役割も重要です。元立ちは習技者に正しい打突動作を覚えさせることはもとより、間合や機会など高度

本番を想定した真剣味あふれる打ち込みを行なうこと

な要素を、打ち込み稽古を通して導くことが求められます。気を合わせながらパッと隙をつくる、適正な間合をとるなど習技者の全能力を引き出すつもりで行ないます。このような打ち込み稽古ができれば、実りある稽古になりますので、打ち込み稽古の時間を必ず取るようにしたいものです。

良師に学び、常に謙虚に学ぶ

剣道は、何歳からでも始められ、何歳になっても継続でき、何歳の人とでも稽古ができるものです。その魅力は多岐多様にわたり、無限の広がりと深まりを持っています。剣道を求める過程で人々の生活に潤いを与え、心身に壮快さをもたらしてくれるものと言えます。

剣道は求めれば求めるほど世界が広がっていきますが、常に謙虚な姿勢で稽古に取り組みたいものです。加齢とともに人から注意を受ける機会は少なくなっていきます。まして六段、七段と高段位になっていくにつれて、具体的なアドバイスをもらえる機会はほとんどなくなります。ですから、アドバイスをいただいたときは耳に痛いものでも一度は謙虚に受け入れ、成長の糧としたいものです。

剣道は求めれば求めるほど世界が広がる。常に謙虚な姿勢で稽古に取り組むことが大切

また、いただいたアドバイスは必ず実行することです。自分に合うか合わないかは実行してみないことにはわかりません。剣道は頭で理解することはもちろん大切ですが、それを実行できなければ修得したことにはなりません。謙虚な心を持つことで、教えを受ける機会が増えると思います。

そのためにも礼を尽くした稽古を心がけることが大切です。礼を尽くす稽古を心がければ、おのずから真剣味あふれる内容となります。

稽古は、その意味にもありますように、古《いにしえ》を稽《かんがえる》ことであり、剣道はよい先生に就いて学ぶことが大切になるのは、くり返し言われ続けていることです。

わたしは熊本県三角町で剣道を始め、ＰＬ学園、専修大学、警視庁とそれぞれの環境で素晴らしい先生方と出会うことができ、今まで剣道を続けてきました。剣道を続けている理由を考えてみると、色々な要素があったと思いますが、このような素晴らしい先生方と出会えたことも大きな理由の一つです。わたしも先生方に近づくべく、日々、向上をめざしていますが、道のりは遠いことを実感しています。これからも、稽古を積み、精進していきたいと思います。

第二章

技術指導

攻める・崩す
圧力をかけて攻めて打ち間をつくる

圧迫力で自分に近い間合をつくる

打突するためには、自分が跳べる距離まで間合を詰める必要がありますが、ただ距離を詰めるのではなく相手を圧して打つ必要があります。間合を詰めることは、その分、相手に打たれるリスクを伴うからです。相手を崩し、こちらが崩れないまま打ち間に入る必要があります。

試合や審査において、自分の間合をつくることができれば良い結果につながっていると思います。ここでいう自分の間合とは「自分は相手に近く、相手は自分より遠い間合（不敗の間）」、すなわち自分に有利で相手には不利である心の間合（心理的距離）のことをさします。

自分の間合で戦っているときはこちらの気勢が充実し、いわゆる明鏡止水の境地に至ります。この境地だからこそ先が取れます。このとき、相手は雑念や邪念にとらわれた状態となっているでしょう。つまり、相手は知らず知らずにこちらの気持ちによって圧迫されているのです。

圧迫力は、ただ強い力で押さえつけるものではありません。正しい構えと、腰を中心とした足さばきによって相手を崩し、なんらかのアクションを起こさせるのです。圧迫力を身につければ自

圧迫力によって相手を動かし、自分に有利な間合いをつくって一本を決める

由自在に展開をつくれます。有効打突を奪うためには欠かせない要素のひとつでしょう。

圧迫力の基本
自分の打ち間を知ること

圧迫力を身につけるためには、まず自分の間合を知ることが大事です。「この間合まで詰めれば絶対に打てる」という距離を覚えておくことで、「ここだ」というときに体勢を崩さず、しっかりと打突できるからです。これは相手とのやりとりに大きく影響します。

自分の間合を知るためには、平素の稽古の積み重ねによって体に覚えさせるしかありません。稽古のなかで常に正しい構えと足さばきができるように心がけます。日々鍛錬を積んでいれば、その状態のままで相手をとらえることができる自分の間合をつかめるはずです。

有効打突の条件には「充実した気勢、適正な姿勢で竹刀の打突部位で打突部を刃筋正しく打突し、残心あるものとする」とあります。これらの条件を満たすためには、常に正しい構えを維持することが大事です。

相手とのやりとりのなかで行なうので、正しい姿勢のまま間合をつかむ作業は容易ではありません。相手の攻めによって崩れることもあるでしょう。相手からの攻撃をさけるためには、なるべく遠くから打てれば有利ではあります。しかし、あまり遠くから打つと体勢が崩れます。体勢が崩れた打突は有効打突にはなりません。体勢が崩れないまま、なお遠くへ打てる距離を把握するのです。

面打ち

面が打てれば他の技も打てるといわれるほど重きをおかれる。個人差はあるが、打てる間合まで入って打つ。距離を把握するためには、最初は遠くから挑戦し、だんだんと距離を詰めて調整する方法がある

相手とのやりとりの中でも、正しい姿勢を維持するためには、足が大きなポイントになります。相手との距離は、左足ではかるからです。右足は攻め足といわれますが、いくら前方に出しても足幅が広がり、適正な姿勢で打突できません。ですから、左足との連動で、つねに打てる間合をつくることが求められます。

技によって、間合は変わります。面は「奥座敷」といわれる技であり、遠くへ打つ必要があります。反対に小手は「玄関」といわれ、深く入る必要がありません。また、仕かけて打つ場合は深く踏み込みますが、出ばな技の場合は相手が向かってくる分、コンパクトに打ち込む必要があります。応じ技の場合は、時間的なことを考慮しなくてはいけません。

「間」が仕かけ技、出ばな技と変わることを考慮しなくてはいけません。

ある立合で、自分ではぎりぎりまで詰めて「ここなら」と思って打ったのですが、余されて打たれたことがあります。ある先生から「もうちょっと詰めていたらね」というお言葉をいただきました。つまり、相手の打ち間に跳び込んだわけです。勝海舟の言葉に「事の未だ成らざるとき小心翼々、事のまさに成るとき大胆不敵、事のすでに成るとき油断大敵」があります。この言葉のとおり、緻密な間合取りが要求されます。

小手打ち

小手は、掛かる側から見て一番手前にある部位。手を伸ばせば届くので、かえって手打ちになりやすい。深く踏み込む必要はないが、動作が緩慢にならないようにすれば、適正な打ち間がつかめる

突き

突きも、腕を伸ばせば部位に届きやすいので手打ちになりやすい。意識しすぎると余計に腕が力むので注意する。足腰からまっすぐ突く間合を覚える

胴打ち

胴打ちはもぐって打たないように心がける。足と腰で切る感覚を覚えれば、ぎりぎりの間合から鮮やかな打突ができる

稽古
圧迫力を身につけるための基礎をつくる

先ほども申し上げたとおり、圧迫力を身につけるためには自分の打ち間を知ることが大事です。自分の打ち間を知るために、稽古ではいつでも正しい姿勢で打突することを心がけましょう。

基本稽古では、なるべく遠くから打ち込みます。距離を確認しながら打ち込むと、どこからなら届くのかがわかってきます。切り返しなどはとても有効です。習技者（掛かり手）は、振り下ろした状態の距離を確認しながら切り返します。これで、打てる距離を体に覚えさせます。

このとき、元立ちは習技者の打ち間を考慮して距離を取ると効果的です。わたし自身、元立ちに立つ際には習技者との間に適度な距離をあけるように心がけています。ここでいう適度な距離とは、竹刀を刃筋正しく振り下ろした際、打突部がちゃんと打突部位をとらえることができるかが目安になります。元立ちが上手にリードしてあげることで、習技者はより上達することができます。

打ち込み稽古でも同様に、習技者は打てる距離を考慮して打ちます。少しでも遠くから打てることはいいことですが、あきらかに一拍子の打突が不可能な距離から打ち込むのはやめましょう。個々の年齢や体力に応じて、適正な間合は変わります。

技稽古では、わたし個人は現役の頃、出ばなの感覚をつかむ稽古法をよく実践しました。これは、元立ちと構え合ってから同時に前後の動きをくり返し（習技者が前に移動する場合は元立ちが後ろに下がる）、適正な間合に入ったと感じたらすかさず打ち込むものです。元立ちと息を合わせ、前後の動きがバラバラにならないように注意します。

互格稽古、地稽古ではこれらの基本稽古で注意した点を活かしながら相手と対峙します。正しい姿勢からの攻めによって、自分の体の勢いがそのまま相手に伝わるでしょう。

切り返し
竹刀を振り下ろしたときに、刃筋正しく部位をとらえられる距離から打っているかどうかを確認しながら打つ。元立ちが上手にリードしてあげること

圧迫力を意識した地稽古

打てる体勢を維持する
相手の攻めに動じず、いつでも打てる体勢を維持して相手にプレッシャーをかけることが圧迫力につながる

相手と対峙するとき、こちら側の打ちたいという気持ちや、相手側からの圧迫力が原因で正しい姿勢が崩れがちです。攻め合いのなかでも、足幅を広くせず、体勢を崩さずに心がけましょう。頭が上下動しないことが目安になります。ひかがみが折れる、足幅が広がるなどの動作があった場合、必ず頭は上下動します。また、目線にも注意が必要です。あごを引いて上目遣いで見る場合、また、あごを上げて上から見下ろす場合は物見がずれ、体勢が偏りがちです。目線がまっすぐになれば、体勢もまっすぐになります。

　圧迫力は、左足が大きなカギを握ります。上下

出ばなのタイミングをつかむ技稽古
習技者（掛かり手）と元立ちが一緒になって前後の動きをくり返すなかで、適正な間合と感じた瞬間に打ち込む

の攻め、表裏の攻めをもって相手を攻め崩しているときは、左足が生きた状態です。居つく、あるいは「待ち」の状態のときには、左足になんらかの問題があるでしょう。常に「先の気持ち」をもって臨みたいものです。

頭が上下動しない足さばき

足さばきを行なう際、頭が上下動するのはひかがみが曲がるなどのサイン。体がぶれない足遣いを心がける

物見からまっすぐ見る

あごを引いた上目遣い（写真右）や、あごを上げて見下ろすような目線は（写真左）、物見からの目線がずれて間合を間違えやすい。目線は、物見からまっすぐ見られるようにすること

実践
圧迫力で一本を決める

圧迫力は、相互の礼のときからつくるものです。目礼をし、蹲踞から、下腹に力を入れて立ち上がり、相手と向かい合い、触刃の間合になったとき、すでに自分が先になっている状態が理想です。

そして、三殺法（気を殺し、剣を殺し、技を殺す）により相手を崩すのですが、このときに表裏の攻めなどをもって、相手がどのような反応をするか見て、どの間合で打てば一本が決まるのかをよく観察します。

わたしがある段審査を受審した際の話ですが、大きく振りかぶる癖をもった方と対戦しました。しかし、緊張していたためか、その癖を察知することができず、出ばな面ばかりを狙っていたのです。動く瞬間に何度も面に跳び込みましたが、相手は大きく振りかぶっているので、当然当たりません。この場合、突きを攻めるなどの動作が必要だったのでしょう。

相手に圧迫を加え、打突の機会を見出すためには「合気になる」こと、あるいは「合気を外すこと」の二通りが挙げられます。「合気になる」とは、互いの精神力が高まり、まさに打突動作を

裏から仕かけて面
構え合ってから裏を攻め、手元を意識させて面に転じる。仕かけて打つ技なので遠くから攻めていく

小手から面の二段技

相手の守備がかたい場合などに打つ。2回踏み込むので、ある程度の距離が必要だが、間合が詰まった場合でも、左足の引きつけを考慮すれば一本になる

起こす瞬間をとらえる出ばな技などが相当します。「合気を外す」とは、その気が高まっているときに「ふっ」と外すことで、相手に四戒を生じさせるものです。

構え合ったら、上から乗るような気持ちでいましょう。「自分に近い間合」をつかむためには、心理的に有利にならなければいけません。上から乗るようにすると、相手からの圧迫を感じることが少なくなります。下腹に力を入れ、力みのない状態を心がけることです。

近間で一本を決める場合は、正確な打突がポイントになります。有効打突の条件に沿った、刃筋正しく、冴えがある打突なら一本になるでしょう。遠間、一足一刀の間合から決める打突の場合は「少し遠いかな」と感じる程度の間合から跳び込むと、かえって決まりやすいものです。相手と対峙するプレッシャーからか、どうしても深く間合に入りがちだからです。

高段位をめざす方には、歩合と錬度、品格が問われます。じりじりと間合を詰め、竹刀が触れあい、相手が打突したときにはもうこちらの打突が決まっている。このような一本が理想です。わたしも理想の一本をめざして精進していきたいと思っています。

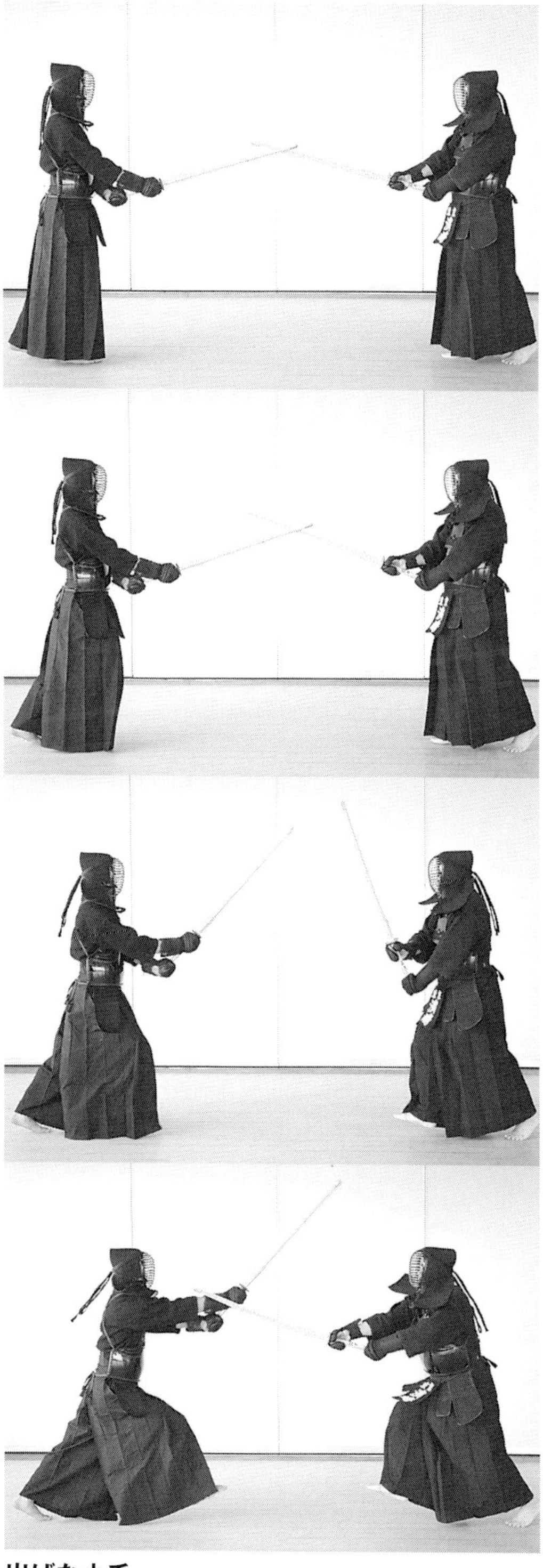

出ばな小手

出ばな面と同じように、合気となって、相手がまさに打とうとする瞬間をとらえる技。間合を読み間違えて深く入ると、部位を外し、ひいては相手に面を打たれやすい状況をつくるので注意する

出ばな面

相手が動く瞬間をとらえるため、足を継がずに打てる間合が好ましい。強引に入ればかえって打たれる。合気となり、まさに相手が打とうとする瞬間、体が自然と動くのが理想

面すり上げ面
出ばな面と同じタイミング(間)で打つ技。振り上げると同時にすり上げ、そのまま一本を打つ

出ばなを打つ

機会をとらえる六つのポイント

打とうと思う前に打て いつでも打てる構えで出ばなを打つ

出ばな面（平成19年全日本選抜八段優勝大会より）

出ばな小手（平成18年寛仁親王杯八段戦より）

出ばな技が見事に決まると、会場は感動の拍手でいっぱいになります。剣道を修錬している人はだれもが「相手の一瞬の隙に打ち込む出ばなの技を打ちたい、打ってみたい」と思い願うものです。出ばなは「起こり頭」「懸り口」ともいいます。精神を傾注し精神力が高まったとき、相手がまさに打とうと動作を起こした瞬間を打つ技のことをさします。出ばな技は、未発の発をとらえて打ち切るものだからこそ、観る人に感動をもたらすのです。

出ばなの機会は「打とう」と思った瞬間には逃してしまうほどです。強引に入っていけば、かえって打たれます。おおよそ「いい技が打てた」と思ったときは「打とう」などの欲が出ません。スパッと技が決まるためには、いくつかの条件があります。「気勢」「姿勢」「呼吸」「目付け」「機会」「間合」「刃筋」といった剣道におけるポイントです。これらの条件がすべて整ったとき会心の一本が生まれます。出ばな技に限ったことではなく、すべての動作において問われることです。

すべての条件が整うためには、攻め合いのなかで常に打てる構えをつくらなければいけません。お互いの動きのなかでこちらの反応をみた相手が攻め、打突しようとして手元が浮きます。剣先が動く、その起こり頭を察知し、捨て身で打突することが大事であると思います。先制力は、一朝一夕には身につかず日頃の修錬がものをいいます。自然と反応できるように、稽古を積みたいと考えています。

その1 目線は一定の高さを保っておく

「一眼二足三胆四力」という教えのとおり、剣道では目の使い方が非常に問われます。「遠山の目付け」といわれる通り、全体を見渡し、相手の打ち気を察知できることが理想です。目は自分の意図が知らず知らずのうちに映ります。

わたしの場合は、相手の目から目線を外さないようにしています。相手の目をみるときは目の玉を動かさず、瞬きをしない気持ちで相手の全体を見るようにしています。こうすると、機会を見る眼（機眼）を養えます。この目線がぶれてしまうと、相手にこちらの意図を察知されてしまいます。これは初歩的なことですが、小手を打つ際にちらっと小手を見てしまうと、相手に小手を打つことを教えるようなものになってしまいます。

目線は一定です。日常の稽古で注意しておくことはもちろんですが、「人と会話をするときにも相手の目から目線を反らさない」といった具合に、日常生活の中で身につけることも必要でしょう。

目線を落とすと小手を打つ気配を察知される（写真下）。目はまっすぐ相手へ向け、全体を見通せるようにする（写真上）

その2
呼吸の仕方に注意すること

森島健男先生（警視庁名誉師範）から「剣道は呼吸の乱し比べだ」と教えていただいたことがあります。呼吸が乱れると構えが乱れ、そこが隙となって相手に打たれるからです。日々の稽古や立合で、この言葉の重みをつくづく実感します。

吸うときが虚、隙になります。とくに気合を出したあとが危険です。なるべく短く、悟られないようにサッと吸います。わたしの場合は、相手の剣先を押さえるなどしながら行ないます。吐くときには細く長くを心がけ、吸う回数を減らすようにします。また、呼吸は鼻で行ないます。口で行なうと相手にこちらの呼吸のリズムを察知され、打たれてしまいます。

呼吸のコツは、短く吸うことと、長く細く吐くこと

呼吸が整えば、上半身、下半身がぶれず、構えが整います。「上虚下実」の教えのとおり、よどみない構えを心がけたいものです。

その3
自分の打ち間を確認する

剣道では人それぞれ跳べる距離や感覚が異なるため、自分だけの打ち間が存在します。そのため、自分で打ち間を見つけ、間合

自分の打ち間を確認して打つ（写真上）。打ち間を読み間違えると、部位を外し、ひいては相手に隙をみせることにもなる（写真下）

を間違えないようにする工夫が必要です。

たとえば、わたしの場合は打ち込み稽古や切り返しで元立ちをしているときにその感覚を磨くようにしました。相手が面を打ってくる瞬間「自分だったらこの間合から出ばなを打つ」と確認をします。掛かり手の面打ちのタイミングを読みながら、自分の出ばなの感覚を磨くことができます。

掛かり手が打とうとしたときに手元が浮きます。その瞬間に相手をとらえる気持ちが大事です。相手が動くときには、剣先などに微妙な変化があるはずです。変化を逃さないように心がけたいものです。

その4 振りを小さくして機会をとらえる

出ばな技は相手の起こりをとらえるのですから、機会は一瞬です。小さくコンパクトに打つ必要があります。とはいえ、ただスピードが速ければいいものでもありません。出ばな技では、振りを小さくして一瞬の機会をとらえる工夫が大事です。

振りかぶり、というよりは手を伸ばすといった感覚かもしれません。振りかぶりが小さくなりますので、手の内が重要になります。これは、面打ちでも小手打ちでもいえることです。手の内が打突の冴えにつながるので、手の内の修錬は絶えず行なっておきたいものです。

出ばな技の場合は、振りは小さくし、コンパクトにとらえる(写真右)。振りが大きくなると、その分、相手よりも出遅れる(写真左)

その5 刃筋正しく打つ工夫をする

出ばな技の場合、結果として双方がほぼ同時に出てきます。相手の剣先を中心からそらすと同時に、自分がまっすぐ打たなければ一本になりません。わたしの場合は、すり込むようなかたちで打つようにしています。鎬を使うイメージです。そうすると、竹刀一本分の太さだけ相手の剣先がそれ、面部位に届かなくなります。同時に、こちらが中心を取って打つ技法です。先に相手が出てきたとしても、中心を取って打つことができます。

ほんの少し右手首を中に入れて打つのがコツです。技の分類としては、「応じ技」といってしまっていいかもしれません。しかし、出ばなを狙った技には変わりありませんので、少しでも体を開きながら打つと先を取られます。体はまっすぐ相手に向かうことが大事です。

刃筋正しくし、相手の中心をとらえて打突する。濱﨑範士の場合は剣先をすり込むようにして部位をとらえる

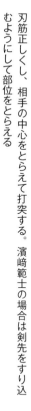

その6
左足は構えた状態から蹴る

いつでも打てる状態をつくるためには足遣いができていないといけません。相手が動こうとしている瞬間を狙うのですから、こちらも同じように足を継いでいては機会を逃します。溜めを利かせ、適確な場面で鋭く足を遣う必要があります。この状態がきちんとできているかどうかによって、技の成功率が大きく異なります。

左足が、いつでもその場から蹴ることができるように工夫することが必要です。左足のひかがみはゆるんでいても、つっぱっていてもいけません。右足の場合もすぐに足を出せるように、体重を前にかけすぎないなどの心がけが必要です。

相手が「やあ」と発声し、まさに打とうとする場面は、勝負がまさに決まろうとする場面でもあります。溜めを利かせ、その場から打てれば、「爆発」といわれるような鋭い一本が決まるでしょう。

「相手が動く」と気づいたとき、こちらも足を継ぐと出遅れる。そのため足遣いに無駄をなくし、その場から打ち込むことで先を取る

実践・出ばな技
誘って先に打つ、引き込んで打つ

出ばな技といえば、面か小手になります。まず出ばな面ですが、その種類は大きく二つに分かれると思います。ひとつは、自分から先に詰めていき、誘ったところを先に打つ方法。もうひとつは、引き込むようにしてほぼ同時に打つ方法があります。

前者は、相手を攻め崩してなにもできない状態にさせたところで誘いをかけるものです。誘いに思わずのってしまったところを打つ技であり、打ったときの相手の反応としては「思わず足を引いてのけぞる」あるいは「若干剣先を開きながら前に出ている」などが挙げられます。これが決まれば文句なしの一本ですが、なかなか難しく、わたしもこの面をめざして稽古に励んでいるところです。

後者は、相手を引き込み、ほぼ同時に打つものです。前で紹介したとおり、わたしの場合はすり込むようにして中心を奪いながら打ちます。手首をほんの少し、なかに入れる工夫が必要です。この技法は故中村毅先生（警視庁名誉師範）から教わりました。

誘って先に打つ出ばな面
攻め崩し、相手が出てきたその端にすかさず打ち込む。びっくりした相手は、のけぞるようなかたちをとることが多い

小手・面の連続打ちにも応用できます。

小手技の場合は、上から打つ方法と下から打つ方法になります。まず、相手に打ち間まで来させるように仕向けるのですが、剣先が浮く人を狙う場合は下から、相手の剣先が中心から外れた瞬間を狙う場合は上から、ということになります。

出ばなを打つ際は、相手が動こうとするその兆しを感じ、機会をとらえます。この兆しをとらえるためには直感力が必要です。とらえる機会がない場合は、上下の攻め、表裏の攻めなど、いろんな角度から相手を攻め崩し、相手の剣先の反動を使って機会をとらえなければいけません。大事なのは「先の気持ち」です。待ちになってはいけません。

相手を攻める場合には体と剣先で攻め、体勢を崩さないで充実した気勢がともなっていなくてはなりません。攻めることによって相手に迷いが生じ、我慢できなくなって打突の動作を起こそうとする端をとらえるのです。

引き込んでとらえる出ばな面

右の手の内を若干内に入れることですり込むように面をとらえる。左手の位置はあくまで真ん中に置く

出ばな小手

出ばな小手の場合は相手を引き出すかたちになる。上下左右から攻め、相手の出てくるかたちによって、上から打つか、下から打つかを選ぶ

初太刀を意識して出ばなの感覚を磨く
出ばなを打つ稽古法

出ばなの感覚をつかむためには、稽古を積み、体に覚えさせるしかありません。どのように稽古していくかは人それぞれですが、まずはわたしの体験談をご紹介し、参考に供したいと思います。

警察に入った当初は、理もわからず、とにかく打ち込むばかりで、黒星の山を築いていきました。なぜ勝てないのか悩んだ末、「今までは相手の反応について考えていなかった」ということに気がつきました。相手について考えるようになってから、応じ技、そして出ばな技について意識するようになりました。

応じ技、出ばな技は、狙おうとすると「待ち」の状態になりやすいものです。ある先生からは「自分の気持ちを相手の足元まで置くような気持ちでやりなさい」と教わりました。「気持ちを手元のほうにもっていくと、全部やられる。肩に力が入ったり、上半身が力む」とも付け加えていました。この言葉は胸に響きました。

「初太刀一本」という言葉があります。森島健男先生も常に提唱されておられますが、「初太刀で絶対一本を取る」と考えていると、自然と出ばなを狙うようになり、無駄打ちが少なくなります。

出ばな技を習得するには基本稽古が有効です。元立ちが「ここだ」と示したところを間髪入れずに打つように心がければ、自然と出ばなの練習になります。「足は継がずに打てているか」など、意識して取り組むとよいでしょう。元立ちもまた、ただ部位を開けるのではなく、機会を教える気持ちを心がけたいものです。素振り、切り返し、掛かり稽古も大切です。これらの練習を意識して行ない、結果に結びつけたいものです。

第三章

特別対談

長榮周作（パナソニック株式会社社会長）

四十年の刻を経て

全日本学生選手権大会
大阪で撮った一枚の写真

長榮　ご無沙汰しています。

濱﨑　久しぶりですね。

長榮　この写真、覚えていますか?

濱﨑　鎌倉で写したものみたいですね。

長榮　そうそう。大学3年（昭和45年）のとき、日本武道館で全日本学生剣道選手権大会があり、私が松山から上京したんです。試合のあと、専大のレクリエーションで鎌倉に行ったとき、私も連れていってもらいました。

濱﨑　そんなことあったんですね。思い出せないなあ。私も持ってきました。これです。

長榮　翌年（昭和46年）の全日本学生剣道選手権で撮った写真ですね。

濱﨑　右に写っている松本清五と3人で、大阪市中央体育館の前で撮ったものですが、このとき長榮さんと初めて会ったんだと思い込んでいましたが、違ったみたいですね。

長榮　3年のときですよ。清五が私と一緒の高校（松山北高校）で、彼が専修大学に行ったことで濱﨑さんと知り合うことができたんです。全日本学生選手権の前日、専大で稽古をさせてもらいました。

濱﨑　てっきり4年生の時だと思っていました。それにしてもこのプログラム（第19回全日本学生剣道選手権大会）は懐かしいですね。

長榮　懐かしいです。

濱﨑　審判の先生が錚々たる方ばかりです。審判長が重岡昇先生をはじめ、のちに範士九段になった先生方がたくさんいらっしゃいます。当時は先生方のすごさを知る由もありませんでしたが……。

長榮　所属が武専（大日本武徳会武道専門学校）と書いてあるのも、時代を感じますね。

濱﨑　長榮さん、中四国学生選手権で優勝されていたんですね。すごいです。

昭和46年6月27日、第19回全日本学生剣道選手権大会。大阪市中央体育館で写す

長榮　いやいや、当時、強いのはみんな関東の大学に行っていましたから。実際、愛媛大学剣道部は私は剣道経験者でしたが、大学から始めた同期もたくさんいました。

濱﨑　でも、優勝するのはたいへんですよ。清五から地元の同級生ですごいのがいると聞いていたけど、どんな大会でも勝つことは本当に難しいです。

長榮　4年生のときの全国大会は鳥巣さん（健・福岡大）が優勝したんですよね。

濱﨑　私は2回戦で鳥巣さんに負けたんですよ。実はこの大会で優勝しようと思っていて、コンディションも悪くなかったんです。優勝インタビューの予行練習までしていたんだけど(笑)。

長榮　そうだったんだ(笑)。私は2回戦で田中さん（第三郎・同志社大）に負けました。

濱﨑　決勝は鳥巣さんと川添さん（哲夫・国士舘大）でした。鳥巣さんが勝って九州学生剣道連盟から初めてチャンピオンが生まれました。

長榮　よく覚えています。

濱﨑　私たちの同期では川添さんが強かった。この年、彼は全日本剣道選手権大会で優勝していますが、学生で日本一になったのはいまだ彼一人だけです。亡くなったのが本当に残念です。

長榮　彼は高知高校出身でしたので高校時代から知っています。私は彼と六段審査であたっているんですよ。当時、上段を執っただけで審査に合格しないと言われていたのですが、上段に構えま

長榮周作
ながえ・しゅうさく／昭和25年愛媛県生まれ。松山北高から愛媛大に進む。高校時代はインターハイ出場、大学時代は中四国学生剣道選手権で2連覇を達成。昭和47年松下電工入社。一貫して照明事業部で商品企画開発に従事する。インドネシアP.T.MABEL取締役社長、SUNX㈱取締役社長、松下電工㈱常務取締役、パナソニック電工㈱代表取締役専務、パナソニック電工株式会社代表取締役社長を歴任。現在、パナソニック株式会社会長。大阪府剣道連盟会長。剣道教士七段。

した。上段を執った川添さんは本当に強くて思うように打てず私は不合格。さらに彼も不合格でした。

濱﨑　それは残念でした。

長榮　後日談があって、彼とは次の六段審査でもあたりました。この時は二人そろって合格することができました。

濱﨑　よかったですね。

長榮　それはそうと学生時代、濱﨑さんの試合で強烈な印象に残っているのは4年生のときの全日本学生優勝大会です。法政大との決勝戦はすごかったですね。

濱﨑　ありがとうございます。

長榮　濱﨑さんが大将で、時間終了間際に面を決めて優勝しました。

濱﨑　立ち上がり、諸手突きに行こうとしたところ面を決められて、「どうしよう」と焦りましたが、なんとか残り数秒で面を取り返すことができました。

長榮　劇的でしたよ。濱﨑さんが面を決めて引き分けとし、本数差で専修大学が初優勝を遂げました。

濱﨑　大学が日本武道館のすぐそばでしたので優勝旗を持ってみんなで行進して帰りました。今だったらできませんが、当時は学生に対して世間がおおらかでした。

八段審査に再挑戦 続けていればこその邂逅

濱﨑　こういう懐かしい写真や学生大会のプログラムを見ていると時間の隔たりを感じませんね。長榮さんと再会したのは全日本女子実業団大会でサンクスが優勝したときだったと記憶していますが、すぐにわかりました。

長榮　応援席から濱﨑さんが審判をしているのを見ていましたよ。まったく変わっていない。

濱﨑　今でも剣道は続けているんですか？　仕事が忙しいから剣道どころではないと思うけれど……。

長榮　はい。稽古回数をつけているのですが、今年はやっと60回です。昼休みに素振りをしようと思い、社長室に竹刀を置いているのですが、なかなか(笑)。

濱﨑　60回はすごいですよ。週1回ペースは維持できている。御社剣道部の師範は島野大洋先生（範士八段）でしたよね。島野先生には私もお世話になっていて、八段を受験する前の中堅指導者講習会でいろいろ教えていただきました。

長榮　島野先生には1999年から弊社剣道部の師範をお願いしています。すでに70歳を超えていますが、動きが若々しいですね。とても70歳を超えているとは思えません。剣道部の稽古に行けないときは大阪の寝屋川の稽古会に行くのですが、そこには弟の泰山先生も指導にこられていて、こってり稽古をつけていただいています。島野両先生は本当に強いですね。当たり前といえば当たり前なんですが(笑)。

濱﨑　強いですし、すばらしい先生です。

長榮　濱﨑さんは46歳（最年少）で八段ですか？

濱﨑　いえ、47歳です。4回目でした。七段審査とはまったく違った雰囲気でした。3回とも二次審査まで行っているのですが、そこが鬼門でした。わからなくなりました。うちの場合、八段は合格して当然という雰囲気ですから苦しかったです。

長榮　そうでしょう。警視庁の剣道指導室といえば最高峰ですからね。

濱﨑　長榮さんは現在、八段に挑戦中ですか。

長榮　はい。昨年から再び受けるようになりました。48歳で最初に受けたあとインドネシアで仕事をすることになり、それで受験を中断していたのですが、また受けています。もちろん箸にも棒にもかからないですけどね。仕事の都合で5月の京都審査だけです。

濱﨑　心がけがすごい。

長榮　不謹慎かもしれませんが、昇段審査は、みんなと会えるのが楽しいです。昨年は4人のなかで私はAだったんですが、Cはなんと大学の2年後輩でした。九州の出身なのですが、並んでいたときはまったくわからなかったのですが、審査が終わったあと「剣道を見て先輩とすぐにわかりました」と挨拶にきてくれました。彼とは卒業以来、一度も会っていないので、本当にびっくりしました。

濱﨑　私も同じような経験がありますよ。大学の同窓ではないですが、芝浦工業大学の同期生が外国から受けにきていまして「やあ久しぶり」と声をかけられました。今でも親交があり、剣道を続けていればこその縁ですね。

長榮　八段昇段の秘訣はなんでしょう。同期だからざっくばらんに聞くけど(笑)。

濱﨑　いやあ、どうでしょう。まずは打ち込み稽古をたくさんすることですね。あとはひたすら上手の先生にかかる稽古をすること。

長榮　剣道部の稽古では必ず最初からやるようにしています。試合に出ている若手と一緒に基本打ちを行ない、それから地稽古です。稽古のときもなるべく自分から打つようにしています。

濱﨑　なるべく姿勢を崩さないようにしたほうがいいですね。

長榮　早く打とうと思うと崩れますね。若手の出頭を打とうと思って稽古をしているのですが、なかなか。

濱﨑　出頭で遅れたと思ったら応じ返すことですね。

長榮　難しいですよ。

濱﨑　自分も打ちたいし、当然、相手も打ちたいからですね。稽古では打たれてもいいからまっすぐに打ち切ることが大切だと思いますよ。

長榮　同年代との稽古も必要ですね。

濱﨑　錬り合いが大事です。八段ともなると焦ったら負けです。相手と対峙したとき、どこまで我慢ができるかです。

長榮　たまに「これなら打てる」と思うことがありますが、それが打ち急ぎになっているんでしょうね。

濱﨑　打とうと思うと硬くなります。やはりいろいろな人と稽古をしておくことが大事ですよ。

仕事も剣道も
常に正しさを求める

長榮　濱﨑さんが警視庁に入ったと知ったのは、卒業してからしばらく経ってからでした。

濱﨑　私は長男だったので田舎に帰ろうか迷いました。ＰＬ学園の上辻熊夫先生に相談をしたら「お前は剣道から逃げるのか」と一喝されました。警視庁の森島健男先生からお誘いを受けていたこともあり、警視庁でお世話になることに決めました。

長榮　たいへんだったでしょう。

濱﨑　外から見ればそうなのですが、うちの場合、それが当たり前の世界です。自分がダメなら特練から外れるだけです。厳しい実力の世界で、それは覚悟していました。

長榮　当時、大学卒で警察に行く人は少なかったですからね。

濱﨑　警視庁では私が最初だと思います。稽古は厳しかったです。ＰＬ学園でも鍛えられましたが、剣道の厳しさを一から教えていただきました。

長榮　一般企業に行きたいとは思わなかった？

濱﨑　いや、大学の紹介で一度、ある会社に面接に行ったことがあります。そうしたらそこの社長が「うちの会社は将来性はないから警視庁から誘われているならそちらに行きなさい」と言われたことを思い出します(笑)。

長榮　人生はわからないですね。私も実は松下電工という会社は試験をうけるまで知りませんでした。松下電器産業に入りたくて担当の先生から願書をいただいたのですが、もらって帰ろうとしたらすぐに「先生が呼んでいる」と呼び戻されました。呼びに来た同級生に「松下電器産業を譲ってやれ」と言われ、「その代り

お前は松下電工を受けろ」と一言。当時、電工は運動部出身者をたくさん採用していました。先生はそれを知っていたので、私を勧めたのでしょう。

濱崎　入社したときから剣道部はあったのですか。

長榮　いいえ。入社したときは試合にもほとんど出ていなくて、翌年に強いのが2人入社して、夏秋2回ある大阪府実業団剣道大会に出て夏は準優勝、秋には優勝できました。相手は日立造船でした。当時、日立造船が全盛期でメンバーがすごかったです。法政大の三宅（一志）さん、のちに警視庁にいった田村（徹）さん、いま日立造船の役員になっている学生チャンピオンの神谷（明文）さんです。

濱崎　それはすごい。神谷さんとはお互い八段になってから兵庫国体で試合をしましたが、一部上場会社の役員で国体に県代表として出るのだからすごいと思いました。

長榮　当時、日立造船、阪急百貨店、日本運送などが近畿の有力チームでした。近畿実業団大会に出はじめたのも私が入社してから5年目くらいからでした。学生時代、各種大会で活躍した選手が入社するようになり、以降、本格的に活動するようになりました。いまでこそ「強豪チーム」という評価をいただいていますが、ごく最近です。

濱崎　すばらしい道場をお持ちですよね。

長榮　工場内に道場を持っているのは恵まれていると思います。

濱崎　部員はどのくらいいるのですか。

長榮　先日、各事業所と関連会社の剣道部員を集めて合宿をしました。１５０人いました。

濱崎　ものすごい人数ですね。いい選手もそろっていますね。私は全剣連の強化訓練講習会の講師をさせていただいていましたが、御社剣道部からも数名選ばれていました。そのとき驚いたのは強化訓練は平日から行なわれているにもかかわらず、出席していました。会社の理解がないと無理ですよね。

長榮　仕事が一番であることは間違いないのですが、いい経験になりますからね。

濱崎　なりますよ。

長榮　実はいま道場に「正しい剣道」と書いて貼っているんです。

剣道を続けていると不思議な縁が生まれますね。これが剣道の魅力でしょう。（長榮）

何十年という時間が流れているのですが、昨日も会っていた友人のようです。（濱﨑）

これは剣道の正しさだけではなく、仕事の取り組み方を含めての正しさなのですが、それを書いた手ぬぐいも作っています。

濱﨑　大事なことですね。

長榮　私が入社した年の社長スローガンが「正しい姿で」でした。それがいまでも頭に残っています。

剣道はすばらしい剣縁の不思議に感謝

濱﨑　社長に就任されたのはいつですか。

長榮　昨年の6月です。

濱﨑　たいへんでしょう。

長榮　社長といっても一人ではなにもできません。結局、いかにみんながきちんとやってくれるか。そのように仕向けるだけで剣道の監督と同じですよ。

濱﨑　警視庁の主席師範もそうなんですよ。担当がきまっていて、その人たちにしっかりと仕事をしてもらう。ただ決断をくだすときと責任をとるときは一人で行なわなければなりません。

長榮　いよいよというときは大将が出て行かないとね。

濱﨑　御社の経営理念を拝見しましたが、剣道の教えに通ずるものがありますね。

長榮　弊社では年に1回、経営理念研修を行なっています。創業者である松下幸之助の理念を研修するのですが、濱﨑さんがご覧になったのは「私たちの遵奉すべき精神」だと思います。

濱﨑　そうです。

長榮　この理念にそって仕事を進めていかなければならないのですが、なかなか難しいですよ。

濱﨑　経済状況がどうなるかわからない時代だからたいへんでしょうね。

長榮　今は本当に難しいです。

濱﨑　欧州をはじめ世界が揺らいでいますからね。

長榮　本当です。欧州は先行きが不透明です。経済が右肩上がりだった時代はよかったですが、これからの日本はそうはいきません。

濱﨑　日本だけのことを考えていればいい時代ではないですよね。

長榮　そうですね。グローバルな市場での競争の中で事業を継続していくためには、事業の選択と集中は避けられず、海外に工場をもっていくこともやむを得ないんです。最近は韓国に会社をつくるところもあるようです。

濱﨑　ウォンが安いからですね。

長榮　そうなんです。それに、法人税が安いのとFTA（自由貿易協定）の関係で関税がかからないという恩恵があるから事業運営にはすごく有利です。日本でも同じように競争できるような環境が整ってくれればよいですね。

濱﨑　そうですね。ところで長榮さんは社内にメッセージを発信するとき、剣道用語を引用することは多いですか？

長榮　けっこう使いますよ。ブログもやっているのですが、剣道の教えはうまくあてはまるんですね。
濱崎　あてはまります。
長榮　ただ、剣道用語は意外と知られていないですね。
濱崎　指導者がきちんと伝えていくことが大切ですね。正しい剣道を教え、引き継いでいくことが大切です。たいへんな時代だからこそ、剣道人がしっかりしないといけないと思っているんです。
長榮　正しさを教えていくということは大切ですね。
濱崎　でも、剣縁とは本当に不思議なものですね。私は長榮さんと大阪市中央体育館で一緒に写真を撮ったとき、「もう会わないのかな」と思っていました。長榮さんは理系だし、卒業すれば仕事が忙しくて剣道どころではなくなると思っていたんです。
長榮　続けていると不思議な縁が生まれますね。
濱崎　こうしてゆっくり話をさせていただいていますが、何十年という時間が流れているのですが、まったく違和感がない。昨日も会っていた友人のような感覚です。
長榮　これが剣道の持つ魅力なのでしょうね。
濱崎　今回、こうして再会が実現して本当にうれしかったです。
長榮　次回はうちの道場に剣道具を持って来てください。
濱崎　もちろんです。

（平成23年11月29日）

あとがき

本書は月刊『剣道時代』にて掲載した特集記事および連載「上達の要領」の記事などを一冊にまとめたものです。剣道愛好家（市民剣士）の方々の技術向上と稽古に対する取り組み方を通じて、日々の生活や仕事を充実させてもらいたいと考え、私がこれまで取り組んできたことを紹介させていただきました。

私は熊本県三角町（現宇城市）で剣道を始め、ＰＬ学園高校、専修大学、そして警視庁で剣道を学び、現在にいたっています。六十年近く剣道と携わることになりましたが、素晴らしい先生方に教えを受けることができました。私がご指導をいただいた先生方は、剣道の基本を重視し、切り返し、打ち込み稽古を繰り返すことを求めました。その重要性を、稽古を通して教わることができたことに今、改めて感謝をしている次第です。

本書をまとめるにあたっては多くの協力やご助言をいただきました。出版にあたっては編集をお願いしている剣道時代編集長の小林伸郎氏、撮影を担当した故徳江正之カメラマンに深く感謝を申し上げます。

また、本書の発刊にご尽力いただいた体育とスポーツ出版社の橋本雄一社長に御礼を申し上げ、あとがきといたします。

平成三十年九月一日

濱崎　満

初出一覧

本書に収録した記事はいずれも雑誌『剣道時代』に掲載されたものです。

第一章　上達の要領

剣道時代２０１１年11月号～２０１２年10月号

第二章　技術指導

出ばなを打つ　剣道時代２００８年６月号

攻める・崩す　剣道時代２００９年４月号

第三章　特別対談　剣道時代２０１２年２月号

［著者略歴］
濱﨑　滿
はまさき・みつる／昭和24年熊本県生まれ。ＰＬ学園高から専修大に進み、卒業後、警視庁に奉職する。全日本選抜剣道八段優勝大会優勝、全国警察官大会団体優勝、国体優勝、全日本都道府県対抗優勝、全日本選手権大会出場、全日本東西対抗出場など。第12回世界剣道選手権大会日本女子代表監督。平成22年３月、警視庁を退職。現在、警視庁名誉師範、専修大学剣道部師範、日本大学医学部師範、三井住友海上火災師範、百練館道場師範。剣道範士八段。

剣道《けんどう》修錬《しゅうれん》の着眼点《ちゃくがんてん》
平成30年11月３日　第１版第１刷発行

著　者　濱﨑　滿
発行者　橋本雄一
組　版　株式会社石山組版所
撮　影　德江正之
編　集　株式会社小林事務所
発行所　株式会社体育とスポーツ出版社
〒101-0054　東京都千代田区神田錦町1-13 宝栄錦町ビル3F
TEL 03-3291-0911
FAX 03-3293-7750
http://www.taiiku-sports.co.jp
印刷所　新日本印刷株式会社

ISBN978-4-88458-417-7　C3075　Printed in Japan